C.H.BECK WISSEN

in der Beck'schen Reihe

Die Anfänge der fränkischen Herrscherdynastie der Merowinger sind von Legenden umrankt. Zuverlässig dürfte jedoch die Nachricht unseres wichtigen Gewährsmannes, des Bischofs Gregor von Tours, sein, dass es einen Ahnherrn namens Merowech gab, der Vater König Childerichs I. († 481/82) war. Von Childerich künden manche Schriftquellen; vor allem aber bezeugte sein reich ausgestattetes Grab, das man 1653 im belgischen Tournai entdeckte, eindrucksvoll dessen Existenz. Stand jener erste Childerich also am Beginn einer aufstrebenden Dynastie, so war sein trauriger Namensvetter Childerich III. der letzte seines Hauses – von ihm ging die Frankenherrschaft auf die Karolinger über. Der mächtige karolingische Hausmeier Pippin wartete nur, bis er von Papst Zacharias die Zustimmung zum Machtwechsel erlangt hatte, schickte dann den Merowinger ins Kloster Saint-Bertin und ließ sich selbst bald darauf (751) zum König der Franken wählen.

Martina Hartmann erzählt in diesem informativen kleinen Buch sehr anschaulich die intrigenreiche und oft blutige Familiengeschichte der Merowinger – denen es gleichwohl gelang, sich als erste Herrscherdynastie des Frühmittelalters dauerhaft zu etablieren. Sie erhellt ferner die Ereignisgeschichte und beschreibt darüber hinaus die Grundzüge der merowingerzeitlichen Gesellschaft.

Martina Hartmann lehrt als Professorin für Mittelalterliche Geschichte und Historische Hilfswissenschaften an der Ludwig-Maximilians-Universität München. Die Geschichte des Frühmittelalters bildet einen ihrer Forschungsschwerpunkte.

Martina Hartmann

DIE MEROWINGER

Verlag C.H.Beck

Für
Charlotte Sophie
und
Elisabeth Marie

Mit 16 Abbildungen, 5 Genealogien und einer Karte

Originalausgabe

Satz: Fotosatz Reinhard Amann, Aichstetten
Druck und Bindung: Druckerei C.H.Beck, Nördlingen
Umschlagentwurf: Uwe Göbel, München
Umschlagabbildung: Siegelring Childerichs I. (Replik), BnF, Paris, Cabinet des Médailles
Printed in Germany
ISBN 978 3 406 63307 2

www.beck.de

Inhalt

Die Merowinger in Deutschland und Frankreich **7**

I. Die Geschichte der Merowinger **13**

1. Childerich I. († 481/82) und Chlodwig I. († 511) Vom Römerreich zum Reich der Merowinger 13
2. Chlodwigs Söhne und Enkel (511–584) Rivalitäten und Reichsteilungen 23
3. Die Vorherrschaft der austroburgundischen Merowinger (584–613) 34
4. Neuer Höhepunkt und Zerfall der Königsherrschaft (613–687) 41
5. Merowingische Schattenkönige (687–751) 54

II. Herrschaft, Gesellschaft und Kultur der Merowinger **60**

1. Die merowingischen Könige als Krieger, Herrscher und Richter 60
2. Die merowingischen Königinnen und Königstöchter 71
3. Die Gesellschaft des Merowingerreiches 80
4. Kirche und Kultur zur Zeit der Merowinger 88
5. Handwerk, Handel und Wirtschaft zur Zeit der Merowinger 98
6. Leben und Alltag in der Merowingerzeit 102

Ausblick: Von den Merowingern zu den Karolingern **113**

Literatur 117
Zeittafel 120
Glossar 121
Personenregister 124
Bildnachweis 128

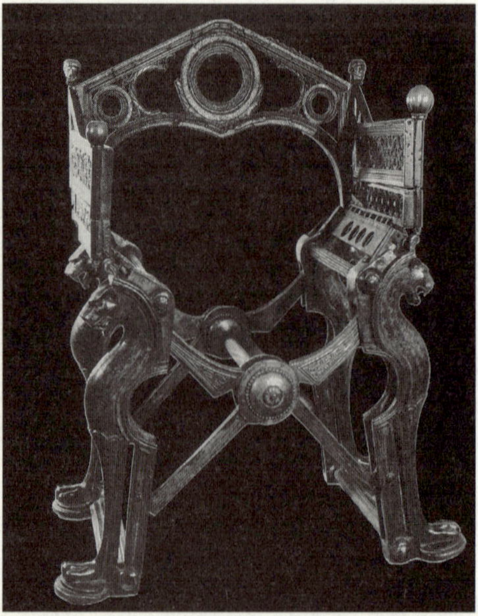

Der sog. Dagobertthron (6. Jh.): Klappstuhl aus gegossener Bronze (Arm- und Rückenlehne sind spätere Zufügungen); seit dem 12. Jh. als Thron Dagoberts bezeichnet.

Die Merowinger in Deutschland und Frankreich

Ein Meeresungeheuer, halb Stier und halb Mensch, oder aber der fränkische König Chlodio soll Mitte des 5. Jahrhunderts den sagenhaften Stammvater der ersten fränkischen Königsdynastie namens Merowech gezeugt haben. Fredegar, der geheimnisvolle fränkische Chronist des 7. Jahrhunderts, berichtet beides, ohne sich für eine Version zu entscheiden.

Kennzeichnend für die merowingischen Könige war das lange Haupthaar, das man schon auf dem Siegelring des ersten sicher bezeugten Königs Childerich († 481/82) sehen kann. Dies inspirierte den englischen Historiker Michael Wallace-Hadrill zum Titel seines bekannten Buches über «The long-haired kings» (1962).

Im gleichen Jahr erschien in Österreich die Wissenschaftsparodie des studierten Historikers Heimito von Doderer (1896–1966) «Die Merowinger oder die totale Familie» über Childerich III. von Bartenbruch, den «letzten Merowinger des 20. Jahrhunderts», der nicht vor Grausamkeiten zurückschreckt und durch ein geschicktes System von Heiraten und Adoptionen sein eigener Vater, Großvater, Schwiegervater und Schwiegersohn wird.

Schon vor Erscheinen des Buches, das sein Autor als «Mordsblödsinn» bezeichnete, hatte die Merowingerzeit für einen österreichischen Autor den Stoff geliefert, nämlich für das 1839 in Wien uraufgeführte Lustspiel von Franz Grillparzer (1791–1872) «Weh' dem, der lügt». Die Handlung ist an eine Episode angelehnt, die von der wichtigsten Quelle zur Geschichte des 6. Jahrhunderts erzählt wird, nämlich von Bischof Gregor von Tours (538–594) in seiner berühmten Frankengeschichte. Das Stück kam allerdings beim Publikum überhaupt nicht gut an und führte zum Rückzug Grillparzers aus dem Theaterleben.

In Deutschland waren es vor allem die Grausamkeiten der

merowingischen Dynastie, deren drastische Schilderung durch Gregor von Tours wenig Begeisterung und Sympathie aufkommen ließ. Auch die merkwürdigen und verwirrend ähnlichen Namen (Theuderich, Theudebert und Theudebald oder Childerich, Childebert und Chilperich) animierten nicht zur Auseinandersetzung mit den Merowingern. Die Könige des 7. und 8. Jahrhunderts nach Dagobert I. († 639) galten außerdem als politisch unfähige Schattenkönige – eine Bezeichnung, die sich bereits bei Johann Gottfried Herder († 1803) und Friedrich Schiller († 1805) findet.

So hatte sich schon der bedeutende Historiker Leopold von Ranke (1795–1886) bei seiner Konzeption der «Jahrbücher des deutschen Reiches», einer heute noch wichtigen Darstellung der Reichsgeschichte anhand der Quellen, dafür entschieden, mit den fränkischen Hausmeiern, also den Vorfahren der Karolinger, zu beginnen und die Könige aus dem Geschlecht der Merowinger zu übergehen. Und der Breslauer Professor Felix Dahn (1834–1912), bekannt durch seinen 1876 erschienenen Historienroman «Ein Kampf um Rom», verfasste zwar ein hochwissenschaftliches zwölfbändiges Werk über «Die Könige der Germanen» (1861–1909), aber die Merowinger spielen darin nur eine untergeordnete Rolle. In Dahns historischen Romanen über diese Epoche sind «Chlodovech» (1895) und «Fredigundis» (1886) regelrechte ‹Antihelden›, während er Germanen wie Gelimer und Stilicho verherrlichte.

Die Begeisterung der Deutschen und auch der deutschen Wissenschaft des 19. Jahrhunderts für die Germanen und für das Frankenreich der Karolinger war groß, das Frankenreich der Merowinger sparte man aus.

Ganz anders war es in Frankreich: In den von Ludwig dem Heiligen (König von 1226 bis 1270) in Auftrag gegebenen «Grandes chroniques de France», einer offiziellen Geschichte Frankreichs, nimmt die Schilderung der Merowingerzeit breiten Raum ein, und als Saint-Denis im 12. Jahrhundert zu *der* Grablege der französischen Könige ausgebaut wurde, ließ man Kenotaphe, also leere Sarkophage, für die merowingischen Könige und Königinnen anfertigen, die dort zwar nicht bestattet worden waren, in deren Traditionslinie man sich aber stellen wollte. Vielleicht hängt das andersgeartete Bewusstsein für die merowingischen Könige in Frankreich auch damit zusammen, dass sie in Städten residiert hatten, die auf französischem Boden liegen, wie Orléans, Soissons, Reims und nicht zuletzt Paris, wo zahlreiche Könige und Königinnen ihre letzte Ruhestätte fanden.

Die berühmtesten Heiligen des 6. und 7. Jahrhunderts, die mit den Königen und Königinnen in Kontakt gestanden hatten, lebten ohnehin in Frankreich und wurden hauptsächlich dort verehrt: Genovefa, die Schutzheilige von Paris und Zeitgenossin des ersten merowingischen Königs Childerich, Radegunde von Poitiers, zunächst Ehefrau König Chlothars I. und dann Klostergründerin, und Eligius von Noyon, der Patron der Goldschmiede, der am Hof König Chlothars II. gelebt hatte und von Königin Balthild verehrt wurde.

Hinzu kam, dass die Taufe des ersten merowingischen Königs Chlodwig I. durch den Reimser Bischof Remigius immer fest im Bewusstsein der französischen Nation verankert war. Dies ist auch ablesbar an den großen Feiern, die das katholische Frankreich noch im 20. Jahrhundert zu diesem Tag veranstaltete. Die Krönung des französischen Königs nahm im Mittelalter der Erzbischof von Reims vor, weil sein Vorgänger den ersten christlichen Merowingerkönig Chlodwig I. getauft hatte.

In Deutschland hielt man sich eher an das erste Kapitel der berühmten Vita Karoli Magni Einhards († 840), der die letzten Merowingerkönige als tumbe und ungepflegte Gestalten karikiert hatte, die auf einem Ochsenkarren durch das Land gefahren seien und keine reale Macht mehr gehabt hätten. Der enge Vertraute des großen Karl wollte damit die Machtübernahme der fränkischen Hausmeier legitimieren, denn Pippin der Jüngere († 768), der Vater Karls des Großen, hatte den letzten Merowingerkönig Childerich III. und seinen Sohn mit Hilfe des Papstes abgesetzt und ins Kloster einweisen lassen, bevor er sich selbst zum neuen König über das Frankenreich erhob (751).

In der Tat waren die Könige seit Mitte des 7. Jahrhunderts durch den aufstrebenden Adel und die Hausmeier immer mehr in ihrer Machtfülle und Verfügungsgewalt über Land und Vermögen eingeschränkt worden, aber tumbe Gestalten waren sie dennoch nicht.

Das 18. und 19. Jahrhundert in Frankreich hatte dagegen mit Henri de Boulainvilliers († 1722) und Augustin Thierry (1795–1865), dem Autor des erfolgreichen historischen Romans «Erzählungen aus den merowingischen Zeiten», in den merowingischen Königen die Vorfahren des französischen Adels gesehen. In der Weltsicht Thierrys repräsentierte das französische Volk die von den Merowingerkönigen eroberte gallische Bevölkerung – eine Theorie, die dann in der Französischen Revolution mit der Schrift von Abbé Sieyès «Was ist der dritte Stand?» (1789) Popularität gewann. Nach dem Ende der Bourbonenherrschaft in der Französischen Revolution knüpfte aber auch der neue Machthaber, Napoleon Bonaparte (1769–1821), bewusst an die Merowinger an: Bei seiner Kaiserkrönung 1804 ließ er auf seinen Krönungsmantel statt der bourbonischen Lilien Bienen sticken, da man 1653 im Grab des ersten Merowingerkönigs Childerich I. in Tournai ca. 300 Beschläge aus Gold und Almandinen gefunden hatte, die wie Bienen oder Zikaden aussahen.

Zwar gab es auch in Frankreich als Pendant zu den «Schattenkönigen» die Bezeichnung der «rois fainéants», die vermutlich schon im Mittelalter existierte, doch wurde die Zeit der Merowinger immer als Teil der französischen Geschichte betrachtet. So blieb es nicht aus, dass am Anfang des 20. Jahrhunderts Kontroversen ausgetragen wurden, die eher aus Ressentiments resultierten als aus Erkenntnissen der Forschung: Dass der Herausgeber zahlreicher merowingerzeitlicher Heiligenviten, Bruno Krusch (1858–1940), die Echtheit der Vita der heiligen Genovefa († 502) anzweifelte und spottete, in dem Werk werde sie als «Bürgermeisterin» (maîre) von Paris dargestellt, rief den belgischen Historiker Godefroid Kurth (1847–1916) auf den Plan, der den Quellenwert – zu Recht, wie sich später herausstellen sollte – vehement verteidigte. Heute weiß man, dass die Vita der Genovefa wichtige Informationen zur merowingischen Frühzeit liefert.

In Deutschland waren es dann nach dem zweiten Weltkrieg vor allem die Forschungen des Bonner Mittelalterhistorikers Eugen Ewig (1913–2006), die zur ‹Rehabilitation› der Merowingerkönige beitrugen. Ewig, der «Erbfreund» Frankreichs, wie er anlässlich seines 90. Geburtstages genannt wurde, bemühte sich Zeit seines Lebens um einen Ausgleich mit Frankreich und genoss dort große persönliche Anerkennung. Nach dem zweiten Weltkrieg hatte er einen ganz wesentlichen Anteil an der Gründung des Deutschen Historischen Instituts in Paris. In seinem wissenschaftlichen Werk nimmt die Zeit der Merowinger eine zentrale Rolle ein, wobei er sich stets bemühte, die Geschichte des merowingischen Frankenreiches *sine ira et studio* darzustellen und die Personen und ihr Verhalten aus ihrer Zeit heraus zu verstehen. Auch Ewigs Schüler beschäftigen sich intensiv mit dieser Epoche.

Nicht nur eine neue Sicht auf die Merowingerzeit, sondern auch eine neue Qualität wissenschaftlicher Zusammenarbeit zwischen Frankreich und Deutschland bewies dann die große Franken-Ausstellung, die 1996 in Paris, Berlin und Mannheim gezeigt wurde. Der Katalog dokumentierte eindrücklich, welch großen Stellenwert inzwischen die archäologischen Funde und die daraus abgeleiteten Erkenntnisse für unser Wissen über diese Jahrhunderte erlangt haben.

Das zwischen 1993 und 1997 von der Europäischen Wissenschaftsstiftung geförderte Programm «Transformation of the Roman World» versuchte, wie schon der Titel zeigt, den Wandel von der Spätantike zur Karolingerzeit als komplexen Vorgang zu verstehen und zu analysieren. Überwunden werden sollte dabei die alte Sichtweise, in der diese Jahrhunderte nur als «Niedergang» oder gar «Untergang» der antiken Welt erschienen. Insgesamt 14 Tagungsbände wurden zu verschiedenen Themen unter Beteiligung von 100 Wissenschaftlern aus 10 Ländern erarbeitet.

Auch die Neuausgaben von merowingerzeitlichen Quellen wie den Königsurkunden haben neben einschlägigen Studien in den letzten Jahren unser Bild der Zeit weiter differenziert. Doch trotz aller Anstrengungen der vergangenen Jahrzehnte wird man sich damit abfinden müssen, dass aufgrund des Mangels bzw. großen Verlustes an Quellen für verschiedene Bereiche und Zeiten manche Kapitel der merowingischen Geschichte dunkel bleiben werden.

Rekonstruktionszeichnung Childerichs I. († 481/82) mit Kleidung und Waffen.

I. Die Geschichte der Merowinger

1. Childerich I. († 481/82) und Chlodwig I. († 511) Vom Römerreich zum Reich der Merowinger

Childerich I. († 481/82) Ein Sensationsfund, der die Forschung bis heute beschäftigt, obwohl die meisten Objekte im Jahr 1831 untergegangen sind, ist das schon erwähnte Grab König Childerichs I. († 481/82), auf das man im Mai 1653 im belgischen Tournai beim Bau eines Armenhauses stieß. Das Grab spiegelte «die zweifache kulturelle Zugehörigkeit Childerichs» wider, nämlich die eines fränkischen Königs und eines römischen Foederatenoffiziers (Ulrich Nonn). Was heißt das?

In den spätantiken Quellen werden ungefähr seit dem Jahr 250 n. Chr. Übergriffe der Franken auf das Gebiet des Römischen Reiches in Gallien erwähnt. Die Franken waren vermutlich aus älteren germanischen Völkern zusammengewachsen und ihr Name bedeutete «mutig, kühn, frech», und nicht «frei». Die Franken ließen sich am Nieder- und Mittelrhein nieder, ohne dass es sich bei diesem Personenverband bereits um eine geschlossene politische Einheit gehandelt hätte; zudem gab es noch mehrere Anführer, die in den Quellen als *duces* (Anführer) oder auch *reguli* (Häuptlinge) bezeichnet werden. Bis zur Mitte des 5. Jahrhunderts wechselte das Verhältnis zum Römischen Reich zwischen Zusammenarbeit und Übergriff – je nachdem wie schwach der weströmische Kaiser oder wie stark der römische Heermeister war, der über Gallien gebot. Um 445 stieß dann Chlodio, der König der sogenannten salischen Franken, in das Gebiet der Provinz *Belgica secunda* vor. Fredegar, der fränkische Geschichtsschreiber des 7. Jahrhunderts, erzählt dann die schon erwähnte Sage vom Meeresungeheuer als möglichem ‹Stammvater› der Königsdynastie, während Gregor von Tours, der wichtigste Autor des 6. Jahrhunderts, lediglich von Verwandtschaft zwischen Chlodio und Merowech spricht, dafür aber unmissverständlich sagt, dass Childerich Merowechs Sohn war.

Childerich ist der erste eindeutig bezeugte Merowinger, denn er ist so etwas wie der ‹Idealfall› für den Historiker – eine in den Schriftquellen genannte Person, deren Existenz die archäologischen Funde bestätigt haben: In diesem Fall ist es der im Grab gefundene Siegelring mit der Aufschrift «Childerici regis» ([Eigentum] des Königs Childerich). Sicher belegt ist Childerich seit dem Jahr 463, als er auf Seiten des gallischen Heermeisters Aegidius gegen die Westgoten zu Felde zog. Sowohl Gregor von Tours als auch Fredegar berichten übereinstimmend, dass er mit einer Thüringerin namens Basina verheiratet war, die dann die Mutter des ersten christlichen Merowingerkönigs Chlodwig wurde. In einem Frauengrab des 6. Jahrhunderts in Weimar fand man einen Silberlöffel, in den der Name Basina eingraviert war, so dass er als thüringisch gelten darf.

Laut Gregor von Tours hatte Childerich Basina kennen gelernt als Ehefrau des Thüringerkönigs Bisin, nachdem er zu diesen geflohen war, als er von den Franken für sieben Jahre vertrieben wurde, weil er ihren Töchtern nachgestellt hatte. Nach seiner Rückkehr ins Frankenland habe Basina dann ihren Mann verlassen, um Childerich zu heiraten, weil sie ihn für den stärkeren und erfolgreicheren hielt. Basina ist also nach den Quellen die erste von einigen teilweise sehr willensstarken merowingischen Königinnen.

Die bereits genannte, um 520 entstandene Vita der Genovefa († 502) bezeugt eine persönliche Bekanntschaft des heidnischen Königs Childerich mit der Heiligen, die – obwohl kurz nach 420 geboren – noch den größten Teil der Regierungszeit seines Sohnes Chlodwig miterleben sollte. Der Frankenkönig respektierte ihre Autorität, die anscheinend auf einer erblich erworbenen Funktion in der Verwaltung der Stadt Paris beruhte. Genovefa stammte aus Nanterre und bot dem König wiederholt erfolgreich die Stirn.

Aufschlussreich für die letzten Lebensjahre Childerichs könnte aber auch ein Brief des Bischofs Sidonius Apollinaris von Clermont sein, der den Schluss zulässt, dass der westgotische

König im Kampf gegen die in römischen Diensten stehenden Franken letztlich siegreich war und Childerich zwang, sich in die nördliche *Belgica secunda* zurückzuziehen. Dann wäre Tournai, die alte Residenz des Westkaisers, so etwas wie das Rückzugsgebiet des alten Merowingerkönigs gewesen.

Childerich hatte aber offenbar das Vertrauen der beiden weströmischen Kaiser errungen, die ihrerseits Anerkennung bei den oströmischen Kaisern fanden. So erklärt man sich nämlich die Tatsache, dass in Childerichs Grab viele byzantinische Münzen gefunden wurden, die vermutlich als sogenannte Subsidien an Childerich geflossen waren, also als Zahlungen für seine militärische Unterstützung der römischen Reichsgewalt in Gallien. Er war also einerseits König seines fränkischen Stammes mit Sitz in Tournai und andererseits ein mit den Römern foederierter General.

Darauf verweisen auch die weiteren Grabfunde aus Tournai: Neben den genannten Münzen ist es das Gewand, bei dem es sich um ein *paludamentum* gehandelt haben dürfte, den kürzeren Mantel eines römischen Offiziers in Panzertracht. Dieser wird Childerich – genau wie die im Grab gefundene Zwiebelknopffibel – vom Kaiser als Ehrenzeichen verliehen worden sein. Auch der schon erwähnte Siegelring symbolisiert eine römische Errungenschaft, nämlich die Schriftlichkeit und die schriftliche Verwaltung – das Bild des Königs auf dem Ring zeigt ihn allerdings als Anführer eines ‹barbarischen› Volkes, nämlich mit Halsring, Lanze und den schon erwähnten schulterlangen Haaren.

Die Art der Bestattung dokumentiert ebenfalls seine germanischen Wurzeln: Der Leichnam des Königs, der 1831 noch gut erhalten gewesen sein und 1,79 m gemessen haben soll, war zusammen mit Reitpferden bestattet worden, so wie es unter anderem in Thüringen Brauch war. Ihm waren ein goldener Armreif und Goldringe mit ins Grab gegeben worden, wie man sie auch in den Gräbern anderer Germanenfürsten gefunden hat. Ähnlich kostbar waren ferner die mitgegebenen Waffen: eine Wurfaxt, eine Lanze, ein Kurzschwert (Sax) und ein Langschwert (Spatha) mit Goldgriff.

So sensationell der 1653 gehobene Grabfund war, so traurig ist die Geschichte seines Verschwindens: Die einzelnen Stücke wurden von einem der bekanntesten Altertumsforscher seiner Zeit, Jean-Jacques Chifflet, minutiös abgezeichnet und beschrieben, bevor sie drei Jahre später vom Statthalter der Spanischen Niederlande, Leopold Wilhelm, nach seinem Rücktritt als Privatbesitz beansprucht und nach Wien geschafft wurden. Nach dessen Tod 1662 erbte sein Neffe, Kaiser Leopold I. von Österreich, den Schatzfund und schenkte ihn schließlich dem französischen Sonnenkönig Ludwig XIV. In der königlichen Bibliothek in Paris überstanden die wertvollen Stücke dann sogar die Französische Revolution 1789, wurden aber im November 1831 bei einem Einbruch entwendet. Als man dem einschlägig bekannten Täter mit dem schönen Spitznamen Rotkäppchen auf die Spur kam, hatte dessen Bruder, ein Goldschmied, schon große Teile des Grabschatzes eingeschmolzen, anderes aus Furcht vor Entdeckung in der Seine versenkt. So sind heute neben den Abgüssen einzelner Stücke, die Kaiser Leopold I. in Auftrag gegeben hatte, nur noch Bruchstücke der Originalfunde erhalten, was die Zeichnungen und Beschreibungen von Jean-Jacques Chifflet umso wertvoller macht.

Trotz allem kann man sich ein gutes Bild machen von dem Reichtum, den Chlodwig seinem Vater Childerich ins Grab mitgegeben hatte. Er demonstrierte damit die Stellung des verstorbenen Königs – ungeachtet, ob diese am Lebensende vielleicht gar nicht mehr so bedeutend gewesen war – aber auch seine eigene: Es zeigte zum einen Chlodwigs Reichtum, der es ihm ermöglichte, einen so bedeutenden Teil seines Schatzes entbehren zu können, indem er ihn dem Vater mit ins Grab gab, und zum anderen seine Freigebigkeit, die seinen Anhängern zeigen sollte, welche Belohnungen auf sie warteten, wenn sie diesen Nachfolger unterstützten.

Chlodwig I. (†511) «Chlodwig ist Gregors Chlodwig, ob uns das nun gefällt oder nicht» – mit diesen Worten fasste Michael Wallace-Hadrill in seinem Buch «The long-haired kings» sehr treffend das Dilemma zusammen, das den Historiker bei der

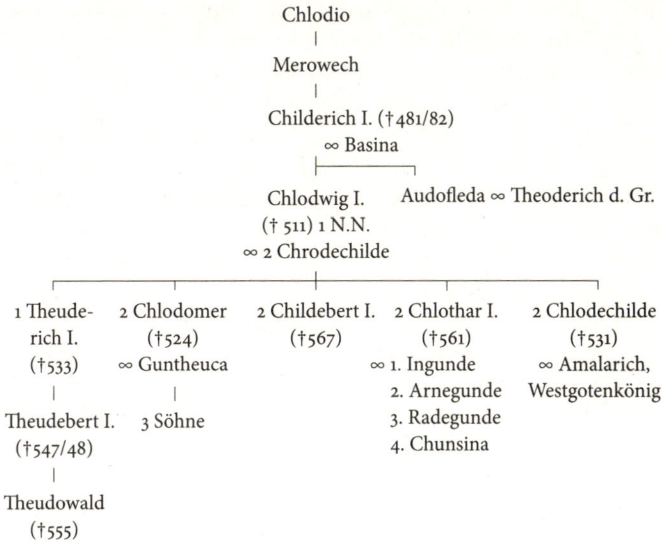

Die merowingische Dynastie bis 561

Beschäftigung mit dem bedeutenden Merowingerkönig erwartet.

Bischof Gregor von Tours ist der große Geschichtsschreiber des 6. Jahrhunderts, ein glänzender und humorvoller Erzähler, über dessen Person wir nicht zuletzt dank der autobiographischen Äußerungen in seinem umfangreichen Werk gut unterrichtet sind: Geboren wurde er 538/39 in Clermont und entstammte einer Familie des romanischen Adels, die sowohl Bischöfe als auch Senatoren hervorgebracht hatte. Da Gregor über sie alle berichtet, können wir für ihn einen ebenso detaillierten Stammbaum erstellen wie für die merowingische Königsfamilie. Gregor wurde von zwei verwandten Bischöfen erzogen und legte nach einer schweren Krankheit das Gelübde ab, Priester zu werden. 573 schließlich wurde er Bischof des damals bedeutenden Bistums Tours als Nachfolger seines Vetters Eufronius und hatte dieses bis zu seinem Tod am 17. November 594 inne.

Tours war ein wichtiges Bistum, weil der heilige Martin von

Tours der bedeutendste Heilige des Merowingerreiches war. Sein Heiligentag, der 11. November, wird ja auch heute noch mit Umzügen begangen, die daran erinnern, dass Martin seinen Mantel mit einem Bettler teilte.

Während Gregor von Tours die Geschichte von Chlodwigs Enkeln selbst miterlebte und einzelne Könige persönlich kannte, denen er in Zuneigung oder Hass verbunden war, berichtete er über Chlodwig nur vom Hörensagen – da Chlodwigs Witwe Chrodechilde ihren Lebensabend in Tours verbrachte, dürfte vor allem dort mündliche Überlieferung tradiert worden sein. Sie hatte allerdings bereits sagenhafte Züge angenommen.

So beruhen die späteren Geschichtswerke, der sogenannte Fredegar der ersten Hälfte des 7. Jahrhunderts und der *Liber Historiae Francorum*, der mit dem Jahr 727 schließt und vielleicht von einer Frau geschrieben wurde, in ihren Berichten über Chlodwig I. letztlich auf Gregors *Decem libri Historiarum*. Dabei haben beide ihre Vorlage nach Belieben ausgeschmückt oder verändert.

Das Glückwunschschreiben, das der Reimser Bischof Remigius an den *durch seine Verdienste glänzenden König Chlodwig* sandte, nachdem er nach dem Tod seines Vaters Childerich 481/82 mit der Verwaltung der *Belgica secunda* betraut worden war, galt einem Mann von damals 16 Jahren. Wir haben es überhaupt bei den merowingischen Franken aufgrund der damals viel geringeren Lebenserwartung mit einer sehr jungen Gesellschaft zu tun. Eine solche Gesellschaft war in jugendlichem Draufgängertum sicher eher bereit, in den Krieg zu ziehen, als eine ältere. Diesen Aspekt, der auch ein Grund für die viel größere Gewaltbereitschaft dieser Epoche sein wird, müssen wir berücksichtigen, wenn wir den Merowingern in der Beurteilung gerechter werden wollen als frühere Generationen.

Wenige Jahre nach dem Tod seines Vaters, nämlich 486/87, beendete Chlodwig die Herrschaft des gallischen Heermeisters Syagrius, den er bei Soissons schlug. Syagrius floh ins westgotische Reich, wurde aber ausgeliefert und heimlich vom Merowingerkönig beseitigt. Das war der Auftakt zu weiteren Mordtaten, mit denen Chlodwig seine Herrschaft stabilisierte – so schildert es jedenfalls Gregor von Tours: Der junge König beseitigte mögliche Rivalen unter den anderen fränkischen Teilkönigen. Gregors Erzählungen von Verrat, Machtgelüsten und Beutegier haben sagenhafte Züge, entziehen sich aber im Einzelnen einer Überprüfung auf ihren Wahrheitsgehalt mangels anderer Quellen.

Als Heerführer wusste Chlodwig seine Autorität ebenfalls zu festigen, wie die berühmte Geschichte vom «Krug aus Soissons» zeigt: Da der König in der Anfangszeit seiner Herrschaft noch die Heerführer umwerben musste, wurde die Kriegsbeute, die teilweise auch aus dem Kirchenschatz eroberter Gebiete stammte, immer auf einer Heeresversammlung, dem sogenannten Märzfeld (am 1. März), per Losverfahren geteilt. Als nun eines Tages ein Bischof den König bat, er möge ihm einen geraubten, besonders kostbaren Krug zurückgeben, war Chlodwig bereit, diese Forderung zu erfüllen und bat sein Heer bei der üblichen Aufteilung der Beute, die in Soissons stattfand, ihm außer seinem Anteil auch den Krug zu überlassen. Alle bis auf einen Krieger stimmten zu; dieser aber schlug seine Streitaxt in den Krug, um deutlich zu machen, dass er dem König ausschließlich seinen Anteil zugestehen wollte. Chlodwig nahm dies, so Gregor von Tours, klaglos hin, hieb dem Krieger aber ein Jahr später auf dem nächsten Märzfeld unter einem Vorwand die Streitaxt in den Kopf mit dem Ausspruch, so habe dieser es mit dem Krug gemacht. Man hat den Eindruck, dass Gregor diese Züge von Hinterlist, Skrupellosigkeit und Machtbewusstsein bei Chlodwig mit einer Mischung aus Abneigung und Bewunderung schildert. Jedenfalls ist der Versuch Chlodwigs, dem Bischof den Krug zurückzugeben, ein Beleg dafür, dass die Autorität der Kirche im Merowingerreich langsam wuchs, allerdings war die Verchristlichung noch nicht so weit fortgeschritten, dass Auseinandersetzungen ohne Blutvergießen geregelt wurden.

Schon Childerich I. hatte Berührung mit katholischen Christen gehabt, mindestens in Gestalt der heiligen Genovefa; insofern war auch Chlodwig mit der Religion, die seine romanischen Untertanen praktizierten, von Kindheit an vertraut. Daher ist es vielleicht mehr als nur ein Zufall, dass das einzige

Dokument, das wir aus Chlodwigs ‹Feder› besitzen, ein Brief von 507/511 ist, in dem er den Bischöfen im eroberten Teil des westgotischen Reiches zusicherte, ihre Kirchen zu schützen. Zu diesem Zeitpunkt war der König selbst mit Sicherheit katholischer Christ, wenn auch das Jahr seiner Taufe umstritten ist, weil es aus der maßgeblichen Quelle, der Frankengeschichte Gregors von Tours, nicht zu erschließen ist. Chlodwig hatte um 493 die katholische Burgunderin und Königstochter Chrodechilde geheiratet, auf deren Einfluss Gregor den Übertritt des Königs zum Christentum maßgeblich zurückführt. Misstrauisch stimmt allerdings, dass der Geschichtsschreiber die Bekehrung des Frankenkönigs nach dem Vorbild des ersten christlichen Kaisers Konstantins des Großen im Jahr 312 stilisiert: Bei Chlodwig soll es die Entscheidungsschlacht gegen seine Hauptgegner, die Alemannen, im Jahr 496/97 bei Zülpich in der Eifel gewesen sein, von deren siegreichem Ausgang er seinen Übertritt zum Christentum abhängig machte. Ob nach Chlodwigs Sieg über die Alemannen die Taufe dann bereits an Weihnachten des Jahres 496 erfolgte oder eine längere Zeit der Taufvorbereitung anzunehmen ist, womit wir dann in das Jahr 507/08 für die Taufe Chlodwigs kämen, ist letztlich nicht zu klären. Der genaue Zeitpunkt ist aber auch nicht entscheidend für dieses Ereignis, das für die Geschichte Europas von weit reichender Bedeutung war: Im Unterschied zu den meisten anderen Germanenkönigen der verschiedenen Völkerwanderungsreiche trat Chlodwig nämlich nicht zum arianischen Christentum über, das auf den Konzilien von Nicaea (325) und Konstantinopel (381) als Ketzerei verurteilt worden war, weil es die Wesensgleichheit von Christus mit Gottvater leugnete. Der Frankenkönig nahm das katholische Christentum an, die Religion seiner romanischen Untertanen. Man hat in diesem Schritt einen der Gründe gesehen, warum das Frankenreich als einziges aller Völkerwanderungsreiche nicht untergegangen ist, sondern vielmehr spätestens mit der Kaiserkrönung Karls des Großen als Schutzmacht des Papstes eine Vorrangstellung in Europa einnehmen konnte.

Die Trumpfkarte der Religion wusste Chlodwig jedenfalls skrupellos und geschickt auszuspielen: Während er zunächst er-

Darstellung der Taufe Chlodwigs I. durch Bischof Remigius von Reims in den Grandes chroniques de France.

folglos das Burgunderreich bekämpft hatte, propagierte er dann seinen Feldzug gegen das Westgotenreich als Religionskrieg, da die Westgoten Arianer seien. Im Jahr 507 errang Chlodwig in Vouillé bei Poitiers einen großen Sieg und der Westgotenkönig Alarich II., der Schwiegersohn Theoderichs des Großen, fiel in der Schlacht; die Königsstadt Toulouse wurde von den Franken erobert, die sich für den Feldzug gegen die Westgoten nun wiederum mit den Burgundern verbündet hatten. In diesen Zusammenhang gehört der erwähnte Brief des merowingischen Königs an die westgotischen Bischöfe.

Mit Chlodwigs Sieg über die Westgoten zeichnete sich ab, dass die Politik Theoderichs des Großen zum Scheitern verurteilt war: Der Ostgotenkönig hatte nämlich, nachdem er sich 490 in Italien etabliert hatte, versucht, durch ein System von Heiratsbündnissen die anderen Germanenkönige an sich zu binden. Die Könige der Westgoten und der Burgunder machte er zu seinen Schwiegersöhnen und er selbst heiratete 493 Audofleda, eine Schwester Chlodwigs, die für diese Heirat wohl zum arianischen Christentum übertrat. Darin zeigt sich, dass Theoderich die aufstrebende Macht des Merowingerkönigs erkannt hatte und ihn sich als Bundesgenossen wünschte. In der fränkischen

Historiographie fand dieses Ereignis jedoch kaum Beachtung, insbesondere nicht bei Gregor von Tours. Die Erklärung dafür dürfte sein, dass Theoderich Arianer war und Audofleda bei ihrer Eheschließung konvertieren musste, was in Gregors Augen Ketzerei war.

Im Jahr 508 war Chlodwig I. auf der Höhe seiner Macht, wie eine Gesandtschaft des oströmischen Kaisers aus Konstantinopel zeigt: Sie ernannte den Frankenkönig zum Ehrenkonsul und überreichte ihm als Zeichen dieser Würde einen königlichen Ornat, der aus Purpurtunika, Mantel (*Chlamys*) und Diadem bestand. Damit war die merowingische Reichsgründung von Byzanz faktisch anerkannt worden.

Als Chlodwig in seinem Todesjahr 511 in Orléans ein Konzil einberief, auf dem die merowingische Reichskirche gegründet wurde, hatte er zusammen mit seiner Gemahlin Chrodechilde Jahre zuvor bereits einen anderen wichtigen Schritt für seine eigene *memoria* – die Bewahrung seines Andenkens im eigenen Volk – getan: In Paris, das schließlich Chlodwigs neue Residenz geworden war, hatte das Königspaar eine den Aposteln Petrus und Paulus geweihte Kirche gegründet und ausgestattet. Dort wurde im Jahr 502 Genovefa bestattet, die schon bald nach ihrem Tod als Heilige verehrt wurde. Den Ruhm ihrer Ruhestätte steigerte dies so sehr, dass man die Kirche bald in Sainte-Geneviève umbenannte.

Vier Monate nach dem erwähnten ersten Konzil im Merowingerreich, am 27. November 511, starb der Reichsgründer Chlodwig I. im Alter von ungefähr 45 Jahren und wurde in der von ihm gestifteten Kirche an der Seite Genovefas bestattet.

Nichts zeigt die kirchliche Entwicklung im merowingischen Frankenreich innerhalb von genau 30 Jahren deutlicher als ein Vergleich der Bestattungen von Childerich I. und seinem Sohn Chlodwig I.: Hier die heidnische Grabstätte Childerichs in Tournai mit vielen kostbaren Beigaben, die offenbar bald in Vergessenheit geriet, da sie nie geplündert wurde, und dort das Grab Chlodwigs in Paris an der Seite einer bedeutenden Heiligen in der Kirche, die fortan auch weiteren Familienangehörigen als Grablege diente und bis weit in die Neuzeit erhalten blieb.

2. Chlodwigs Söhne und Enkel (511–584) Rivalitäten und Reichsteilungen

Bei seinem Tod hinterließ Chlodwig vier Söhne, unter die das Frankenreich in der Weise aufgeteilt wurde, als handele es sich um ein sogenanntes *Allod* – das Eigentum des Königs; galt doch nach dem Volksrecht der *Lex Salica* die gleichberechtigte Erbfolge aller Söhne. Man weiß nicht, ob diese Teilung Chlodwigs Wille gewesen war oder ob er so plötzlich starb, dass die Erben sie zusammen mit der Königinwitwe Chrodechilde aushandelten.

Jedenfalls war dieser Vorgang von weit reichender Bedeutung, denn bis ins 10. Jahrhundert überragte das Prinzip der Reichsteilung im Frankenreich das der Reichseinheit, die immer mal wieder Befürworter fand, aber auch unter den Karolingern lediglich dann zum Tragen kam, wenn es nur einen einzigen erbberechtigten Sohn gab.

Im 6. Jahrhundert war dies im Jahr 558 der Fall, als der jüngste Sohn Chlodwigs, Chlothar I., alle seine Brüder und Neffen überlebte und damit das Merowingerreich für drei Jahre bis zu seinem Tod 561 wieder unter einem einzigen König vereint war.

Staatsrechtlich bildete das Reich aber eine Einheit, was man daran ablesen kann, dass das Kerngebiet des Reiches, die sogenannte *Francia*, von den eroberten südgallischen Gebieten, der *Aquitania*, unterschieden wurde. Die Residenzen der vier Söhne lagen alle nah beieinander in der *Francia*: Theuderich I. residierte in Reims, Chlodomer in Orléans, Childebert I. saß in Paris und Chlothar I. in Soissons.

Theuderich I. (511–533) und Theudebert I. (533–547) Chlodwigs ältester Sohn Theuderich I. († 533) war beim Tod des Vaters ca. 26 Jahre alt. Gregor von Tours behauptet, er sei der Sohn einer Konkubine gewesen, was aber nicht stimmen muss, denn der Bischof wollte vor allem Chlodwigs Ehe mit der katholischen Burgunderin und Königstochter Chrodechilde als einzigartig darstellen. Wie auch immer – im Hinblick auf ein weiteres wichtiges Rechtsprinzip des merowingischen Frankenreiches wäre dies ohne Belang gewesen: Der Status der Mutter, d. h. die Frage, ob sie eine rechtmäßige Ehefrau oder nur eine Konkubine des Königs war, spielte für die Frage der Legitimation eines Nachfolgers keine Rolle; entscheidend war allein, dass der König den Sohn als von ihm gezeugt anerkannt hatte.

Theuderich, der den Osten des Chlodwig-Reiches sowie die Gebiete rechts des Rheins, das fränkische Alemannien und Teile im Osten Aquitaniens erhielt, regierte 22 Jahre. Verheiratet war er mit einer Tochter des Burgunderkönigs Sigismund. Er beteiligte sich nicht an den Kriegszügen seiner Halbbrüder, die vor allem nach dem Tod des Ostgotenkönigs Theoderich (526) die weitere Expansion des Frankenreiches betrieben und das Burgunderreich sowie das Westgotenreich angriffen.

Nach Theuderichs Tod 533 vereitelten die Franken aus der Umgebung des Königs den Versuch seiner Halbbrüder, das Teilreich des Verstorbenen zu okkupieren. So wurde das Reich von Reims für Theuderichs Sohn Theudebert I. bewahrt, da sein Onkel Childebert, der keine Söhne hatte, schließlich dessen Nachfolge sicherte. Der zeitgenössische Bischof und Geschichtsschreiber Marius von Avenches bezeichnete Theudebert sogar als «den Großen», doch im Unterschied zu anderen Königen, die diesen Beinamen erhielten wie etwa Theoderich, geriet Theudebert bald nach seinem Tod in Vergessenheit. Erhalten haben sich von ihm Goldmünzen mit seinem Bild und der Unterschrift *Theodebertus victor*, wodurch die Angabe des byzantinischen Geschichtsschreibers Prokop (ca. 500–562) bestätigt wird, der in seinem Werk empört geschrieben hatte, dass die Frankenkönige nach dem Erwerb der Provence Goldmünzen mit ihrem Bild geprägt hätten. Dieses Recht stand nämlich eigentlich nur dem Kaiser in Byzanz zu. An Kaiser Justinian I. (527–565) schrieb Theudebert einen berühmten Brief, in dem er all die Stämme aufzählte, die er unterworfen hatte. Die Erinnerung an diesen König lebte in der germanischen Heldensage weiter in der Figur des Wolfdietrich.

Theudebert starb allerdings bereits im Jahr 547. Es gelang den Großen des Teilreiches zwar nochmals, die Nachfolge seines Sohnes Theudowald zu sichern, aber beim frühem Tod dieses Chlodwig-Urenkels 555 fiel das Reich von Reims an dessen langlebigen Großonkel Chlothar I.

Chlodomer (511–524) Mit dem Namen des ältesten überlebenden Sohnes von Chlodwig und Chrodechilde, Chlodomer, sind Erinnerungen an besonders grausame Ereignisse verbunden, die das Bild der merowingischen Königsdynastie nachhaltig verdunkelt haben. Chlodomer, der König von Orléans, zog 523 gegen die Burgunder in den Krieg und besiegte König Sigismund, der nach der Niederlage von den Großen seines Reiches samt seiner Frau und seinen Söhnen an den Frankenkönig ausgeliefert wurde. Chlodomer ließ die ganze Familie in einem Brunnen ertränken. Als Gregor von Tours diese Ereignisse schilderte, wurde Sigismund im Frankenreich bereits als Heiliger verehrt, da er aus Reue über die Hinrichtung seines schuldlosen Sohnes aus erster Ehe, dem man Verschwörungspläne angedichtet hatte, die Abtei Saint-Maurice d'Agaune gegründet und die sogenannte *laus perennis* gestiftet hatte. Dieser Brauch des immerwährenden Lobgesanges zu Ehren Gottes verbreitete sich von Burgund aus im ganzen Frankenreich. Gregor musste daher für die Ermordung des populären Märtyrers durch einen Merowingerkönig eine starke Rechtfertigung finden: Er begründete daher Chlodomers grausames Vorgehen mit der Verpflichtung zur Blutrache für seine Mutter, die Burgunderin Chrodechilde, deren Eltern von Sigismunds Vater ermordet worden seien. Auch in diesem Fall, bei der angeblichen Ermordung von Chrodechildes Eltern, ist nicht nachprüfbar, ob Gregors Behauptung stimmt.

Chlodomer fiel im Jahr 524 in einer Schlacht gegen den neuen burgundischen Herrscher Godomar und besiegelte damit das Schicksal seiner Kinder und das seines Teilreiches. Die Königin Chrodechilde übernahm zwar die Regentschaft für seine drei unmündigen Söhne, ihre Enkel; allerdings wurde diese – so Gregor von Tours – dadurch abrupt beendet, dass die beiden Onkel der Kinder, Childebert I. und Chlothar I., zwei der Knaben eigenhändig ermordeten, obwohl diese um ihr Leben flehten. Der dritte entkam diesem Schicksal nur, weil er sich selbst die Haare schor, ins Kloster eintrat und damit auf seinen Thronanspruch verzichtete. Nach diesen Ereignissen zog sich Königin Chrodechilde aus der Politik zurück und verbrachte den Rest ihres Lebens in Tours, beim Grab des heiligen Martin. Bestattet wurde sie 544 jedoch nicht dort, sondern neben ihrem 33 Jahre zuvor verstorbenen Ehemann Chlodwig in Sainte-Geneviève in Paris.

Childebert I. (511–558) Als Childebert, der König des Teilreiches von Paris, zusammen mit Chlothar I. 524 seine beiden Neffen ermordete, ging der damals 36jährige König noch davon aus, dass er einen oder mehrere Söhne haben würde, für die er ein möglichst großes Teilreich erobern wollte. Childebert wurde zwar so alt wie kein anderer Merowingerkönig, aber bei seinem Tod 558 im Alter von 61 Jahren hinterließ er nur zwei Töchter.

Zusammen mit seinem Bruder Chlothar war ihm eine erhebliche Vergrößerung des Frankenreiches gelungen: 532/34 eroberten beide zusammen das Burgunderreich und 531/32 gingen sie gegen das Westgotenreich vor. Sie waren auch deshalb so erfolgreich, weil das Ostgotenreich nach dem Tod Theoderichs und der Ermordung seiner Tochter, der Königin Amalaswintha (530), geschwächt wurde und außerdem jetzt den Kaiser in Byzanz zum Feind hatte, dessen Feldherren sich bemühten, das Ostgotenreich zu erobern. So waren die Ostgoten nicht mehr in der Lage, den Burgundern und Westgoten gegen die Franken zu Hilfe zu kommen, sondern benötigten selbst Verbündete gegen Byzanz. Der Ostgotenkönig Witiges erkaufte daher 536/37 eine Unterstützung der Franken gegen Byzanz durch die Abtretung der Provence. Damit war zwar die Expansion der Merowinger in Gallien abgeschlossen, nicht aber im Gebiet rechts des Rheins. Dort machten sich die beiden Frankenkönige die Schwäche des thüringischen Königshauses zunutze und eroberten 533/34 dieses Reich.

Auch wenn Childebert I. wie sein Vater Chlodwig nicht einmal vor Mord in der eigenen Familie zurückschreckte, gründete er ebenso wie dieser eine bedeutende Kirche in Paris: Saint-Vincent wurde genau wie Sainte-Geneviève eine bedeutende Grablege der merowingischen Dynastie und wechselte später das Patrozinium in Saint-Germain (des-Prés) nach dem heiligen Germanus, den Childebert zum Bischof von Paris gemacht hatte und der den König 558 in der von ihm gegründeten Kirche bestattete.

Chlothar I. (511–561) Von Chlothar I., der 50 Jahre regierte und nach Childeberts Tod für drei Jahre Gesamtherrscher des Frankenreiches wurde, war im Zusammenhang mit der Expansion der Merowinger bereits mehrfach die Rede. Gregor von Tours räumt allerdings seinen zahlreichen Ehen und Konkubinaten größeren Raum ein als seiner Eroberungspolitik. Chlothar ist der erste merowingische König, für den Polygamie eindeutig bezeugt ist. Unter anderem heiratete er die aus fränkischem Adel stammenden Schwestern Ingunde und Arnegunde.

Bei Ausgrabungen in der Pariser Kirche Saint-Denis fand man 1959 das Grab einer Frau mit edler Kleidung und kostbarem Schmuck. Unter den Grabbeigaben war auch ein Ring mit der Inschrift *Arnegundis regina*, der sie als Ehefrau Chlothars I. identifizierte.

Die vor wenigen Jahren durchgeführten Untersuchungen des Skeletts haben zu erstaunlichen Ergebnissen geführt: Arnegunde ist ungefähr 60 Jahre alt geworden und dürfte Zeit ihres Lebens gehinkt haben, da ihr rechter Fuß durch eine Kinderlähmung, an der sie im Alter von ungefähr vier Jahren erkrankt sein muss, nicht voll ausgebildet war. Im Alter litt sie zudem an einer Verknöcherung der Wirbel.

Die vier Söhne Chlothars, die 561 erneut das Frankenreich unter sich aufteilten, stammten alle von den beiden Ehefrauen und Schwestern, nämlich Charibert I., Gunthram und Sigebert I. von Ingunde und Chilperich I. von Arnegunde.

Außerdem heiratete Chlothar nach dem Tod seines Bruders Chlodomer 524 dessen Witwe Guntheuca, obwohl er zwei ihrer Söhne ermordet hatte. Als er 555 auch die Witwe seines Großneffen Theudowald heiraten wollte, nachdem er dessen Reich dem seinen einverleibt hatte, protestierte jedoch die Kirche erfolgreich dagegen.

Rekonstruktionszeichnung von Kleidung und Schmuck der Königin Arnegunde.

Chlothars berühmteste Gemahlin aber war Prinzessin Radegunde, die ihm bei der Eroberung des Thüringerreiches 531 als ‹Kriegsbeute› zugefallen war. Das damals zwischen 6 und 10 Jahren alte Mädchen wurde ins Frankenreich gebracht, getauft und christlich erzogen, bevor der König es um 540 zu seiner Ehefrau machte. Ungefähr zehn Jahre später verließ Radegunde den König und den Hof, ging nach Poitiers und ließ sich dort zur Nonne weihen: Sie gründete ein Frauenkloster in Poitiers, das später den Namen Sainte-Croix erhielt, nachdem die Gründerin dank der Empfehlungsschreiben ihrer Stiefsöhne vom byzantinischen Kaiser Reliquien vom Heiligen Kreuz erhalten hatte. Nicht nur weigerte sich Radegunde, sich zur Äbtissin ihres Klosters wählen zu lassen, sondern unterwarf sich auch strenger Askese. Sie pflegte gute Kontakte zu Bischof Gregor von Tours und dem berühmtesten Dichter der Merowingerzeit,

Lesepult der heiligen Radegunde aus Sainte-Croix bei Poitiers (6. Jh.).

Venantius Fortunatus, der ihr in großer Verehrung zugetan war und später ihre Vita verfasste.

Radegunde starb am 13. August 587, also über 25 Jahre nach Chlothars Tod, und wurde innerhalb kurzer Zeit neben Genovefa und Martin von Tours die berühmteste Heilige des Merowingerreiches. Ihre Grabkirche Sainte-Marie, die zum Kloster Sainte-Croix gehörte, wechselte schon bald in bekannter Weise das Patrozinium und hieß seitdem Sainte-Radegonde. Erhalten hat sich von ihr ein kunstvoll geschnitztes, hölzernes Lesepult, das mit den Symbolen der vier Evangelisten und dem Lamm Gottes geschmückt ist.

Ob auch ein in Airvault, 50 km von Poitiers entfernt, gefundener Siegelring, dessen Monogramm mit *Radegundis reginae signum* aufgelöst werden kann, tatsächlich ihr gehört hat, ist dagegen umstritten.

Während die Verbindungen mit den ‹erbeuteten› Ehefrauen kinderlos blieben, hatte Chlothar mit einer Frau namens Chunsina einen Sohn mit Namen Chram. Als sich dieser zum zweiten Mal gegen seinen Vater verschwor, ließ Chlothar ihn sowie seine Frau und seine beiden Töchter in einer Hütte verbrennen. Kein anderer merowingischer König wird von Gregor von

Tours so abstoßend in seiner Brutalität gezeichnet, was Chlothar freilich nicht hinderte, in seiner ursprünglichen Residenzstadt Soissons eine Kirche zu stiften. Sie hatte das Patrozinium des Heiligen Medardus von Noyon, des Bischofs, der Radegunde zur Nonne geweiht hatte. Chlothar soll – wenn man Gregor glauben darf – vor seinem Tod den Satz gesagt haben: «Wie mächtig muss jener König des Himmels sein, der so große Könige so elend umkommen lässt!» Eugen Ewig hat diesen Satz als Ausdruck eines «in seiner Primitivität großartigen Machtbewusstseins» gewertet. Bestattet wurde Chlothar I. 561 von seinen Söhnen in Saint-Médard.

Vier Söhne Chlothars Die Situation im Jahr 561 war ähnlich wie 511: Auch Chlothar hatte vier Söhne, die erbberechtigt waren – allerdings an einem im Verhältnis zu 511 erheblich vergrößerten Reich. Die Chlothar-Söhne rivalisierten von Anfang an stärker untereinander als das die Chlodwig-Söhne 511 getan hatten. Jene waren allerdings bis auf Theuderich beim Tod des Vaters auch wesentlich jünger gewesen als die Söhne des langlebigen Chlothar 561.

Gregor von Tours hat den gesamten Zeitraum von 561 bis 613 mit dem Begriff *bella civilia*, also Bürgerkriege, umschrieben. Die Bezeichnung ist zutreffend, da es mehrfach zu blutigen Fehden innerhalb der Königsfamilie gekommen ist. Sogar der Bischof selbst wurde in die inneren Auseinandersetzungen der Dynastie verstrickt.

Nach Chlothars Tod versuchte zunächst der jüngste Sohn Chilperich sich des Königsschatzes und der Stadt Paris zu bemächtigen, wurde aber von seinen drei Halbbrüdern, Charibert, Gunthram und Sigebert, den Kindern von Ingunde, zu einer ordnungsgemäßen Teilung des Reiches genötigt. Sie zielte im Unterschied zu jener von 511 darauf ab, zwar jeden mit einem Anteil an der *Francia*, dem Kernland des merowingischen Frankenreiches, auszustatten, ansonsten aber organisch miteinander verbundene Teilreiche zu schaffen. Der älteste Sohn Charibert erhielt Paris als Sitz seiner Herrschaft, der zweite Sohn Gunthram die Residenz Orléans, wobei die beiden Städte mit

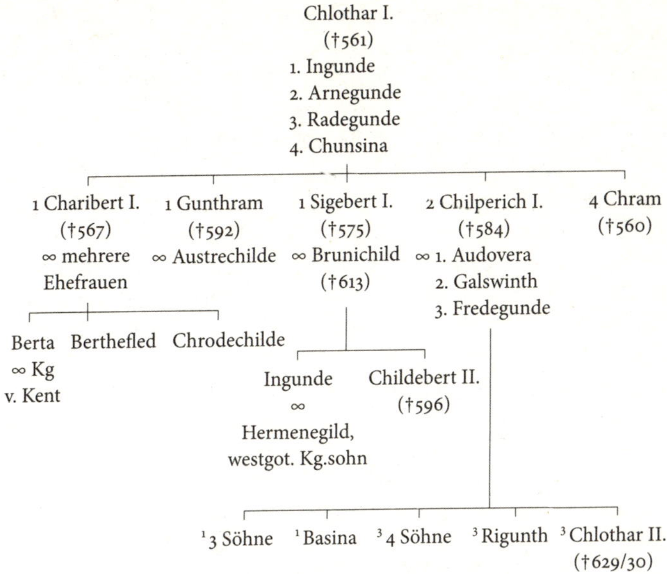

Die merowingische Dynastie bis 584

ihren Besitzungen in Aquitanien und der Provence verbunden waren. Der dritte Sohn Sigebert erhielt das Reimser Teilreich mit der Champagne, den Gebieten östlich des Rheins und südlich der Donau, dazu einen Anteil an der Provence mit Zugang nach Marseille und damit zum Mittelmeer. Der Reichsteil des jüngsten Sohnes Chilperich mit Sitz in Soissons fiel dagegen wesentlich kleiner aus.

Diese Vierteilung hatte allerdings nicht lange Bestand, denn Charibert I. starb bereits 567 ohne männlichen Nachkommen. Anscheinend war seine Regierungszeit eine «kurze und ruhmlose Episode» (Eugen Ewig), denn Gregor von Tours berichtet von ihm fast nur «Frauengeschichten». Im Unterschied zu Chlothar allerdings, den Gregor trotz seiner Affären irgendwie bewunderte, zeichnete er Charibert äußerst negativ, vermutlich weil der König es gewagt hatte, eine Frau zu heiraten, die bereits den Nonnenschleier genommen hatte.

Wie schon 524 nach Chlodomers Tod teilten die Brüder 567 in komplizierter Weise Chariberts Reich unter sich auf. Dies führte immer wieder zu Kämpfen um einzelne Städte, bahnte aber andererseits die zukunftweisende Dreiteilung des Merowingerreiches in Austrien, Neustrien und Burgund an.

Im Unterschied zu Charibert I. wird Gunthram (561–592) von Gregor als guter König, *rex bonus*, gezeichnet. Auch er blieb letztlich ohne männliche Nachkommen, nachdem seine beiden kleinen Söhne 577 gestorben waren. Von Anfang an hat er immer wieder in den Auseinandersetzungen zwischen Sigebert und Chilperich zu schlichten versucht und nach deren Ermordung 575 bzw. 584 auch deren minderjährige Söhne beschützt. So bezieht sich der Begriff der *bella civilia* hauptsächlich auf die Auseinandersetzungen zwischen den Reichen von Reims und von Soissons.

Sigebert I. (561–575) und Chilperich I. (561–584) Die beiden fast gleichaltrigen Halbbrüder waren von Anbeginn ihrer Herrschaft an erbitterte Rivalen. Als Sigebert sich auf einem Feldzug gegen die Awaren befand, fiel Chilperich in sein Reich ein, konnte aber zurückgeschlagen werden.

Nachdem Sigebert 566 ein Bündnis mit dem arianischen Westgotenreich durch eine Ehe mit Brunichild, der Tochter König Athanagilds, besiegelt hatte, wollte Chilperich es ihm gleichtun und hielt um die Hand von Brunichilds älterer Schwester Galswinth an, obwohl er nicht nur eine Ehefrau und von dieser drei Söhne und eine Tochter hatte, sondern zudem mit seiner Konkubine Fredegunde eine enge Beziehung unterhielt. Gregor von Tours zufolge reizte Chilperich an der Ehe mit der westgotischen Prinzessin vor allem die Aussicht auf einen großen Brautschatz, denn Brunichild war mit kostbaren Schätzen ins Frankenreich gekommen.

Die Ehe zwischen Chilperich und Galswinth währte allerdings nicht lange, denn um 570/71 soll der König, angestiftet von Fredegunde, einen Diener dazu genötigt haben, Galswinth zu erdrosseln: Wenige Tage später heiratete er seine Konkubine. Der Mord an Galswinth erregte im Frankenreich großes Aufsehen, denn nicht nur Gregor von Tours schildert ihn ausführlich in seiner Geschichte der fränkischen Könige, sondern auch der Dichter Venantius Fortunatus (um 540–600/610) dichtete eine Elegie über Galswinth. Für Brunichild war damit die Verpflichtung zur Blutrache für ihre ermordete Schwester entstanden; die lang dauernde Auseinandersetzung zwischen den Königinnen Brunichild und Fredegunde ging in das Nibelungenlied ein.

König Gunthram versuchte vergeblich, eine Fehde zwischen den Halbbrüdern Sigebert und Chilperich zu verhindern: Der Bürgerkrieg zog sich über Jahre hin, wobei in der *Francia* die beiden Könige gegeneinander kämpften, während südlich der Loire Stellvertreter den Krieg führten. 575 gelang es Sigebert, in den Kern von Chilperichs Reich, ins Pariser Becken, vorzustoßen, so dass dieser nach Tournai floh, wo er eingeschlossen wurde. Sigebert schien den Machtkampf gegen seinen Bruder gewonnen zu haben, doch bei seiner Schilderhebung in Vitry bei Arras, mit der Chilperichs Niederlage besiegelt werden sollte, wurde er Ende 575 ermordet, da offenbar nicht alle Adeligen mit der Änderung der Lage einverstanden waren.

Damit hatte sich das Blatt gewendet und bis zu seiner Ermordung 584 war nun für fast ein Jahrzehnt Chilperich I. die beherrschende Figur im Merowingerreich. Er brachte kurzzeitig Sigeberts Witwe Brunichild in seine Gewalt, es gelang dem austrasischen Herzog Gundowald und König Gunthram jedoch, Sigeberts fünfjährigen Sohn Childebert II. vor seinem Onkel in Sicherheit zu bringen. Sie bewahrten ihm das Reich seines Vaters in den Grenzen von 561 und sicherten die Regentschaft seiner Mutter Brunichild. Der Anteil am Charibert-Reich fiel aber an Chilperich, gegen dessen wachsende Macht sich dann die Großen Childeberts II. und Gunthram zu einem austroburgundischen Bündnis zusammenschlossen.

Zwischen 575 und 581 starben die drei Söhne Chilperichs aus seiner Ehe mit Audovera – einer beging Selbstmord und die anderen beiden wurden auf Betreiben von Fredegunde ermordet. Allerdings starben die vier kleinen Söhne Chilperichs mit Fredegunde ebenfalls – wenn auch eines natürlichen Todes. Der König, der nun ohne männliche Nachkommen war, setzte schließlich seinen Neffen Childebert als Erben ein, nachdem einige der Großen dieses Reiches die Regentin Brunichild und ihre Vertrauten abgesetzt hatten und nun Gunthram zum gemeinsamen Gegner erklärt wurde. Damit brach von neuem der Bürgerkrieg aus, der 584 ein abruptes Ende fand, als Chilperich – ähnlich wie sein Halbbruder Sigebert 575 – in Chelles bei Paris ermordet wurde. Offenbar handelte es sich bei den Mördern wiederum um Adelige, die mit der politischen Entwicklung nicht einverstanden waren und von Austrien unterstützt wurden. Diese Tat offenbarte einmal mehr die Macht des Adels in den Teilreichen.

Gregor von Tours hat von Chilperich und Fredegunde ein besonders düsteres Bild gemalt und den König als «Nero und Herodes unserer Zeit» bezeichnet. Der 573 zum Bischof erhobene Gregor verdankte König Sigebert sein Amt und geriet nach dessen Ermordung 575 in einer theologischen Frage mit König Chilperich aneinander. Chilperich war zwar, wie der Geschichtsschreiber einräumen muss, theologisch und literarisch gebildet und hatte künstlerische Ambitionen, überschätzte allerdings anscheinend seine Fähigkeiten. Der Bischof musste sich schließlich einem Prozess wegen angeblicher Konspiration gegen Chilperich und Fredegunde stellen, den er jedoch gewann. Er rächte sich später an den beiden, indem er der Nachwelt ein wenig schmeichelhaftes Portrait des Königspaares überlieferte.

Sehr positiv zeichnete Gregor hingegen Königin Brunichild, die in anderen Quellen sehr negativ dargestellt wurde. Der Bischof von Tours, der allerdings ihre letzten Regierungsjahre und ihr grausames Ende nicht mehr miterlebte, rühmte sie als schön und gebildet.

3. Die Vorherrschaft der austroburgundischen Merowinger (584–613)

Childebert II. (575–596) Die Ermordung Chilperichs I. 584 in Chelles brachte seine Witwe Fredegunde in eine ähnlich bedrohliche Lage wie ihre große Rivalin Brunichild 575 nach der Ermordung Sigeberts. Vier Monate vor Chilperichs Tod hatte

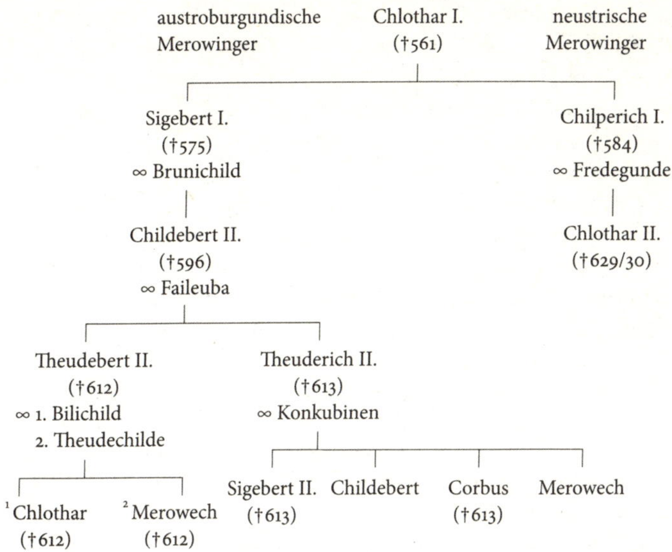

Die merowingische Dynastie bis 613

Fredegunde einen Sohn geboren, der nach seinem Großvater Chlothar genannt wurde. Wiederum war es König Gunthram, der diesen Neffen schützte, denn fortan arbeitete der Adel in Childeberts Teilreich auf eine Eroberung des schutzlosen Chilperich-Reiches hin. Der König von Orléans wusste dies zu verhindern, beschränkte Fredegunde und Chlothar aber auf das nördliche Kerngebiet des Reiches, für das sich in den Quellen nun der Begriff *Neuster* oder *Neustria* durchsetzte, während sich für Childeberts Reich der Begriff *Auster* oder *Austria* einbürgerte.

Gunthram gelang es schließlich, die austrische Adelsopposition auszuschalten, und danach machte er Childebert, der 585 volljährig wurde, feierlich zu seinem Nachfolger.

Auch nachdem Childebert II. mündig geworden war, blieb seine Mutter Brunichild seine maßgebliche Ratgeberin, die auch die Politik des Reiches bestimmte. Vergeblich warnte Gunthram den jungen König davor, zu sehr dem Rat seiner Mutter zu vertrauen. Sie löste die vom Hausmeier vermittelte Verlobung Childeberts mit der baierischen Prinzessin Theudelinde, die später nacheinander die Langobardenkönige Authari und Agilulf heiraten sollte. Brunichild vermittelte stattdessen eine Ehe mit einer gewissen Faileuba, über die man nichts weiß, außer dass sie ihrer Schwiegermutter sehr verbunden war.

Nachdem Gunthram eine Verschwörung gegen Childebert und seine Mutter aufgedeckt hatte, die von einigen Adeligen geplant worden war, um den Einfluss Brunichilds auszuschalten, wurde am 25. November 587 der berühmte Vertrag von Andelot bei Langres geschlossen. Es ist der einzige merowingerzeitliche Vertrag, dessen Wortlaut durch das Geschichtswerk Gregors von Tours überliefert ist. In diesem zwischen Gunthram, Childebert II. und Brunichild geschlossenen Vertrag wurden die früher getroffenen Nachfolgeordnungen bekräftigt, gegenseitige territoriale Ansprüche geregelt und Amnestien erlassen für die Großen der Teilreiche, die während der *bella civilia* die Seiten gewechselt hatten. Brunichilds Ansprüche auf das Erbe ihrer ermordeten Schwester Galswinth wurden anerkannt. Durch die Einigung innerhalb der königlichen Familie waren Childebert und Brunichild nun imstande, ihre innenpolitische Autorität gegenüber dem Adel wiederherzustellen.

Außenpolitisch kam es trotz dieser Einigkeit jedoch zu keinem Erfolg mehr: Gunthrams Feldzüge gegen die Westgoten zur Eroberung Septimaniens 585 und 589 blieben erfolglos und Childeberts kriegerische Auseinandersetzungen mit den Langobarden 588 und 590 führten ebenfalls zu keinem Ergebnis. Die Zeit der Expansion des merowingischen Frankenreiches war endgültig vorbei, sie sollte erst unter den Karolingern wieder einsetzen.

Als König Gunthram am 28. März 592 starb, wurden die beiden Teilreiche Austrien oder Austrasien und Burgund vertragsgemäß vereinigt. Childebert II. und Brunichild konnten dieses neue politische Übergewicht aber nicht nutzen, um Chlothar II. und Fredegunde zu vernichten, denn Aufstände der Bretonen im Westen und der thüringischen Warnen im Osten zwangen sie, dort militärisch einzugreifen.

Im März 596 starb Childebert II. unerwartet im Alter von nur 26 Jahren. Der karolingerzeitliche Geschichtsschreiber Paulus Diaconus behauptete später, der König sei zusammen mit seiner Gemahlin Faileuba vergiftet worden. Da Bischof Gregor von Tours bereits am 17. November 594 verstorben war und als letztes Ereignis die Taufe Chlothars II. im Jahr 591 geschildert hatte, gibt es keine Quelle, die Paulus' Angaben bestätigen oder widerlegen kann.

Theudebert II. (596–612) und Theuderich II. (596–613) Für die folgenden Jahre, die 613 mit der völligen Vernichtung der austrischen Merowinger endeten, gibt es nur den sogenannten Fredegar als Quelle und den *Liber historiae Francorum* (Buch der Geschichte der Franken), wobei letzterer nicht wenige völlig unglaubwürdige Geschichten über die austrischen Merowinger enthält.

Brunichild übernahm zwar nach dem Tod ihres einzigen Sohnes zunächst unangefochten die Regentschaft für ihre beiden damals elf und neun Jahre alten Enkel, doch wurde ihre Position schon bald geschwächt, weil ein Feldzug der Austrier gegen die Awaren so unglücklich verlief, dass ihr Abzug nur mit Tributzahlungen erkauft werden konnte. Danach musste Brunichild auf Druck des Adels einer Aufteilung des Reiches zustimmen: Theudebert II. erhielt den Reichsteil seines Vaters und Großvaters, nämlich Austrien mit Residenz in Metz – jener Stadt, die Reims als Hauptstadt des austrischen Teilreiches abgelöst hatte. Theuderich II. bekam das Teilreich seines Onkels Gunthram, nun aber mit Sitz in Chalon statt in Orléans. Außerdem wurden ihm aus dem austrischen Teilreich das Moselland, das Elsass und der Thurgau zugeteilt, was sich künftig als fatale Hypothek erweisen sollte, da Theudebert diese Benachteiligung nicht vergaß und zu revidieren suchte. Hinter der Bevorzugung Theuderichs dürfte Brunichild gesteckt haben, die Theudebert ablehnte, weil er der Sohn einer Konkubine Childeberts war. Sie soll außerdem, um seinen Herrschaftsanspruch zu diskreditieren, verbreitet haben, er sei gar nicht ihr Enkel, sondern der Sohn eines Gärtners.

Reiterstein von Hornhausen (Thüringen, 7. Jh.), auf dem ein Reiter mit Schwert, Lanze und Schild dargestellt ist.

Zunächst kämpften die beiden jungen Könige oder vielmehr ihre Heere aber zusammen gegen die Neustrier, denn Fredegunde, die immer noch die Regentschaft für den damals ungefähr zwölfjährigen Chlothar führte, nutzte den Tod Childeberts II. 596 sofort aus und ließ die Städte nördlich der Loire besetzen. Als im Jahr darauf jedoch Brunichilds große Widersacherin Fredegunde starb, gingen Theudebert und Theuderich wieder offensiv gegen ihren gleichaltrigen ‹Onkel› Chlothar vor, der im Jahr 600 besiegt wurde. Sein Teilreich wurde auf 12 Gaue (*pagi*) um die Städte Rouen, Beauvais und Amiens eingegrenzt.

Die nächste gemeinsame Aktion der Brüder war der Kampf gegen die Basken im Gebiet der späteren Gascogne. Zwischen Garonne und Pyrenäen errichteten sie ein Grenzherzogtum.

Die schon in den Jahrzehnten zuvor ständig gewachsene Macht und Rivalität des Adels in den einzelnen Teilreichen beschleunigte nun aber, nachdem die äußeren Feinde in die

Schranken gewiesen worden waren, die Entfremdung zwischen Theudebert und Theuderich.

Endete im Jahr 605 die Rivalität zwischen den Halbbrüdern noch damit, dass die Heere der beiden sich zwar bei Quierzy gegenübertraten, dann aber durch einen Friedensschluss der *status quo* wieder hergestellt wurde, weil Theuderichs Heer meuterte, so versuchten fortan beide insgeheim Bundesgenossen zur Vorbereitung des Kampfes gegen den anderen zu gewinnen: Theudebert verlobte seine Tochter mit dem Sohn des Langobardenkönigs und hoffte sogar, in Chlothar II. und in den Westgoten Verbündete zu finden, denn die Westgoten waren von Theuderich schwer brüskiert worden; jener hatte um die westgotische Königstochter Ermenberta geworben, sie mit großem Brautschatz ins Merowingerreich kommen lassen, um sie nach nur einem Jahr und ohne diese Schätze wieder zu ihrem Vater zurückzuschicken. Angeblich steckte auch hinter dieser Aktion die alte Königin Brunichild. Der Affront trieb die Westgoten auf die Seite des neustrischen Königs Chlothar II. Nach dem gescheiterten Eheprojekt lebte Theuderich nur noch mit Konkubinen, die ihm insgesamt vier Söhne gebaren, während Theudebert um 600 ein Mädchen namens Bilichild heiratete, das Brunichild angeblich von Händlern gekauft hatte. Nach der Chronik Fredegars soll Theudebert diese Bilichild, die ihm einen Sohn namens Chlothar gebar, im Jahr 610 eigenhändig ermordet haben.

Im gleichen Jahr kam es zu einem verhängnisvollen Schlagabtausch zwischen den Brüdern: Theudebert überrumpelte seinen Bruder bei einem Gespräch im elsässischen Seltz mit einem Heer und zwang ihn, die bei der Erbteilung erhaltenen austrischen Gebiete herauszugeben. Angesichts der Übermacht konnte Theuderich dies zwar nicht verweigern, sann aber auf Rache. Die Chance dazu bot sich im Jahr 612; damals schlug er Theudeberts Heer in blutigen Kämpfen bei Metz und Zülpich. Anschließend ließ Theuderich ihn mitsamt seinen Söhnen Chlothar und Merowech töten – ein Krieger soll den Kopf des Kleinkindes Merowech an einem Felsen zerschmettert haben.

Chlothar II. hatte sich während des tödlichen Kampfes der

beiden Brüder neutral verhalten, forderte nun aber einen Preis dafür, den Theuderich zu bezahlen nicht bereit war. Er sammelte in der Stadt Metz ein Heer, aber bevor zur Auseinandersetzung mit den Neustriern kam, starb Theuderich mit nur 25 Jahren an der Ruhr.

Genau wie im Jahr 524 bei Chlodomers Ende riss Theuderichs Tod im Jahr 613 sein Reich und seine Familie ins Verderben: Die alte Königin Brunichild versuchte noch, mit Unterstützung burgundischer Großer die Regentschaft für ihren ältesten Urenkel Sigebert II. zu übernehmen, stieß dabei jedoch auf den Widerstand des austrischen Adels. Dieser stand unter Führung des späteren Bischofs Arnulf von Metz und des künftigen austrischen Hausmeiers Pippins des Älteren. Hier begegnen uns in den Quellen erstmals als politisch Handelnde die beiden Stammväter der karolingischen Dynastie, die 751 die Merowinger aus dem Königtum verdrängen sollte. Sie riefen nun Chlothar II. gegen Brunichild und ihren Anhang ins Land.

Als daraufhin auch die Großen Burgunds von Brunichild abfielen, war die Sache verloren. Das eilig mobilisierte Heer des elfjährigen Sigebert II. löste sich auf, bevor es zur Schlacht gegen die Neustrier kam, und Chlothar II. nahm blutige Rache: Er ließ den minderjährigen König Sigebert II. und Corbus, dessen neunjährigen Bruder, töten und verschonte nur den dritten Sohn Theuderichs namens Merowech, weil dieser sein Patenkind war – möglicherweise wurde er Mönch im oberitalienischen Kloster Bobbio. Der vierte Sohn namens Childebert ist vielleicht nach Südfrankreich entkommen und hat Aufnahme bei der Äbtissin Rusticula von Arles gefunden. Brunichild aber wurde von Chlothar beschuldigt, für den Tod von zehn Frankenkönigen verantwortlich zu sein, darunter den ihrer beiden Urenkel, die Chlothar selbst hatte töten lassen. Der neustrische König ließ die alte Königin drei Tage lang foltern, dann an den Schwanz eines wilden Pferdes fesseln und zu Tode schleifen.

Ihre Anhänger bestatteten die sterblichen Überreste der toten Königin im Martinskloster von Autun, das Brunichild neben weiteren Kirchen und Klöstern in dieser Stadt gegründet und als ihre Grablege bestimmt hatte. Mit ihrem Tod und dem ihrer Urenkel war 613 die Linie der austroburgundischen Merowinger ausgelöscht worden, und das Merowingerreich hatte wie 55 Jahre zuvor mit Chlothar I. wieder einen einzigen Gesamtherrscher, nämlich den inzwischen 29 Jahre alten neustrischen König Chlothar II. Dieser hatte sich nicht mit seinem Sieg begnügt, sondern grausame Rache genommen ohne Rücksicht auf familiäre Bindungen, denn immerhin war er der Großonkel von Sigebert II. und Corbus. Chlothar machte in übertriebener Weise die unterlegene Königin für alle Morde der letzten Jahrzehnte verantwortlich – auch für jenen an ihrem Mann Sigebert I. Ein Grund für Chlothars besondere Grausamkeit gegenüber Brunichild könnte die Tatsache gewesen sein, dass sein kleiner Sohn Merowech, der 604 den neustrischen Hausmeier auf einem Feldzug gegen die Austroburgunder begleitet hatte, in Gefangenschaft geraten war und auf Befehl der austrischen Königin getötet worden sein soll. Man sollte jedoch nicht außer Acht lassen, dass die Rivalität zwischen den Teilreichen bereits 561 begonnen hatte und vom jeweiligen Adel unterstützt wurde, der gleichfalls an nicht wenigen politischen Morden beteiligt war. Doch war die Feindschaft zwischen Brunichild und Chlothars Mutter Fredegunde nach der Ermordung Galswinths (569/570) letztlich der Auslöser für die blutigen *bella civilia* gewesen.

Es soll nicht unerwähnt bleiben, dass im Jahr 613 erstmals eine Gruppe unzufriedener Adeliger den König des anderen Teilreiches ins Land rief und so die Möglichkeit eröffnete, auch dieses Reich zu übernehmen; dies sollte sich später noch mehrfach wiederholen.

4. Neuer Höhepunkt und Zerfall der Königsherrschaft (613–687)

Als Chlothar II. auf so blutige Weise den Kampf zwischen Austroburgund und Neustrien für sich entschied, war nicht unbedingt zu erwarten, dass seine Gesamtherrschaft zu einer Friedenszeit für das Reich werden sollte, die einen letzten Höhepunkt merowingischer Königsherrschaft vorbereitete.

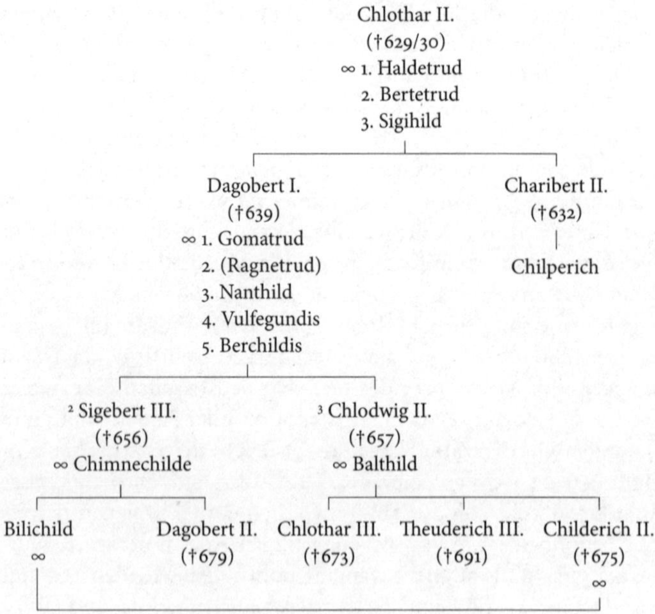

Die merowingische Königsdynastie bis 687

Chlothar II. (613–629/30) und Dagobert I. (629/30–639), die letzten mächtigen Merowingerkönige Chlothar II. verlegte als erstes seine Residenz von Rouen nach Paris, wodurch die Hauptstadt des Reichsgründers Chlodwig erneut zum Zentrum des wiedervereinigten Frankenreiches wurde. Im Übrigen stellte der neue Gesamtherrscher die traditionellen Grenzen der Teilreiche wieder her und respektierte auch deren Selbständigkeit. Dies geschah nicht zuletzt dadurch, dass er die Hausmeier in ihren Ämtern beließ und die Verbände der Großen in den einzelnen Reichsteilen anerkannte.

Im Oktober 614 traten dann in Paris auf Einladung des Königs eine Reichsversammlung und ein Reichskonzil zusammen, deren Ergebnisse unter anderem im sogenannten *Edictum Chlothari* vom 18. Oktober 614 festgehalten wurden. In dem Edikt formulierte er einen Kompromiss zwischen der Wahrung wesentlicher Rechte des Königs und notwendigen Konzessionen an die weltlichen und kirchlichen Großen, mit deren Hilfe Chlothar seine Macht errungen hatte.

Während Arnulf, der eine der beiden karolingischen Stammväter, die den neustrischen König zu Hilfe gerufen hatten, nun Bischof der bedeutenden Stadt Metz wurde, blieb die Anerkennung für Pippin zunächst aus. Erst 623 stieg er zum wichtigen Berater von Chlothars Sohn Dagobert auf, als dieser zum Unterkönig von Austrasien erhoben wurde. 625 wurde Pippin dann austrischer Hausmeier.

In Burgund blieb die Lage angespannt, da es dort anscheinend noch Anhänger Brunichilds und ihrer Nachkommen gab. Auch gallorömische Kreise und Gruppen, die eine Wiederherstellung des burgundischen Teilkönigtums anstrebten, machten Chlothar zu schaffen. Als im Jahr 626 der burgundische Hausmeier Warnachar starb und sein Sohn Godinus dessen Witwe heiratete und die Nachfolge antrat, ohne die Zustimmung des Königs einzuholen, scheute Chlothar vor einer offenen Auseinandersetzung zurück. Er lockte Godinus stattdessen nach Neustrien und ließ ihn dort ermorden. Da offenbar auch anderen burgundischen Adelsfamilien die Macht der Warnachar-Sippe zu groß geworden war, erhob sich kein Widerstand gegen das Vorgehen des Königs; die Burgunder machten vielmehr deutlich, dass sie nun keinen neuen Hausmeier mehr wollten, sondern den direkten Zugang zum König wünschten. So blieb das Amt des burgundischen Hausmeiers bis zum Jahr 642 unbesetzt.

Abgesehen von der Ermordung des Godinus war Chlothars Regierungszeit als Gesamtherrscher aber offenbar eine Friedenszeit für das Frankenreich, wie der Geschichtsschreiber Fredegar rühmt. Kritisiert wurde von ihm lediglich, dass der König allzu sehr auf die Einflüsterungen seiner Frauen und Konkubinen gehört habe. Wie viele Konkubinen Chlothar hatte, wissen wir nicht, die Namen der drei Frauen, die er nacheinander heiratete, sind aber bekannt: Haldetrud, Bertetrud und Sigihild. Die Quellen machen allerdings widersprüchliche Angaben darüber, wen Chlothars Söhne Dagobert und Charibert zur Mutter hatten. Wahrscheinlich ist, dass Haldetrud Dagoberts Mutter war und Bertetrud die Chariberts.

Im Jahr der Mündigkeit (623) seines älteren Sohnes Dagobert machte Chlothar diesen zum Unterkönig in einem verkleinerten Austrasien und stellte ihm Bischof Arnulf von Metz und Pippin den Älteren als Berater zur Seite. Nachdem der König seinen Sohn 625 wohl genötigt hatte, Gomatrud, die Schwester seiner dritten Gemahlin Sigihild, zu heiraten, forderte Dagobert das Unterkönigtum über sein Teilreich in vollem Umfang, d. h. mit der Champagne, Toul und Verdun. Eine Schiedskommission unter Arnulf von Metz handelte schließlich einen Kompromiss aus, der auf dem Reichskonzil von Paris (626 oder 627) besiegelt wurde.

Chlothar II. starb zwischen dem 18. Oktober 629 und dem 8. April 630 und wurde in Saint-Germain-des-Prés bestattet, der bevorzugten Grablege der neustrischen Merowinger, in der schon seine Eltern Chilperich I. und Fredegunde ihre letzte Ruhe gefunden hatten.

Dagobert I. (629/30–639) Chlothar hatte vor seinem Tod eine Zweiteilung des merowingischen Frankenreiches unter seine beiden Söhne – Dagobert, der damals zwischen 15 und 20 Jahre alt gewesen sein muss, und dem sechs bis sieben Jahre jüngeren Charibert II. – in die Wege geleitet, indem er Dagobert bereits Jahre zuvor Austrasien als Unterkönigtum übertragen und Charibert in Aquitanien etabliert hatte. Dagobert versuchte in der Folgezeit, die Politik seines Vaters zu revidieren: Er verlegte seine Residenz aus Rouen nach Paris und trennte sich von seiner Ehefrau Gomatrud, der Schwester seiner Stiefmutter Sigihild. Außerdem nahm er das ganze Reich in Besitz und ließ sich von den neustrischen wie den frankoburgundischen Adeligen auf einem Umritt durch das Reich huldigen (629/30). Aber ein Teil des neustrischen Adels stemmte sich dagegen, dass Dagobert seinen Halbbruder Charibert überging. Dieser wurde von seinem Onkel Brodulf, dem Bruder Sigihilds und Gomatruds, unterstützt. So musste Dagobert seinen Bruder mit einem Unterkönigtum in Aquitanien ausstatten. In der Chronik des Fredegar, die Dagobert negativ darstellt, wird behauptet, er habe bald darauf Brodulf ermorden lassen und schließlich auch seinen Neffen Chilperich, Chariberts kleinen Sohn, aus dem Weg geräumt. Charibert selbst war bereits 632 unter ungeklärten Umständen gestorben, nachdem er zuvor noch einen Sieg gegen die Basken errungen hatte. Es ist indes ganz offensichtlich, dass Dagobert die Alleinherrschaft anstrebte und deshalb seinen Halbbruder samt Anhang ausschaltete.

Interessant ist nun, dass Dagobert I. und seine Regierungszeit bei den nachfolgenden Generationen wie auch in der Forschung als letzter Höhepunkt der Merowingerzeit gelten, obwohl vieles während dieser Zeit so glanzvoll nicht war – so wenig wie die Umstände, unter denen er seine Alleinherrschaft erlangte. In die Regierungszeit Dagoberts fällt auch die große Niederlage der Franken bei Wogastisburg (an der Eger) gegen das slawische Samoreich, die zur Folge hatte, dass sich nun auch andere Stämme im Osten erhoben. Auch die Beseitigung seines Mitherrschers und Halbbruders Charibert II. zahlte sich für Dagobert letztlich nicht aus, denn schon im Jahr darauf musste er als Zugeständnis an den austrischen Adel seinen 630 geborenen Sohn Sigebert zum Unterkönig in Austrien machen. Als dann 634 ein weiterer Sohn namens Chlodwig geboren wurde, erzwang der Adel, dass auch dieser sogleich zum Unterkönig erhoben wurde, und zwar für Neustrien und Burgund. Der Adel der Teilreiche hat also auch unter Dagobert I. einen weiteren Machtzuwachs durchsetzen können, so dass man die Machtfülle dieses Merowingerkönigs, der als letzter mächtiger Herrscher seiner Dynastie gilt, nicht überschätzen sollte, zumal Dagobert bereits im Jahr 639 im Alter von nur 29 bzw. 31 Jahren starb.

Seinen Ruhm verdankt Dagobert vor allem der Tatsache, dass er die Pariser Abteikirche Saint-Denis förderte und großzügig ausstattete. Er machte sie dann zur neuen Grablege der Dynastie, wodurch die bisherige traditionelle Grabkirche Saint-Germain-des-Prés, in der noch Dagoberts Vater Chlothar II. bestattet worden war, abgelöst wurde. Es sieht so aus, als habe Dagobert sich noch im Tod von seinem Vater Chlothar distanzieren wollen.

Im 10. Jahrhundert unter den Capetingern wurde Saint-Denis dann die offizielle Grablege der französischen Könige. Die im 9. Jahrhundert in Saint-Denis verfassten *Gesta Dagoberti* (Taten Dagoberts) rühmen den großen Gönner Dagobert I. aus dem 7. Jahrhundert und bieten ein idealisiertes Bild des Herrschers. So wird darin auch behauptet, Dagobert habe sich von seiner ersten Ehefrau Gomatrud allein wegen ihrer Unfruchtbarkeit getrennt. Der Zeitgenosse Fredegar überliefert hingegen im 7. Jahrhundert, der König habe so viele Konkubinen gehabt, dass er nicht einmal ihre Namen alle habe nennen können. In den französischen Sagen begegnet Dagobert I. als «der gute König Dagobert», während das bekannte Lied vom *bon roi Dagobert* wohl in der Französischen Revolution entstand und den Adel verspotten sollte.

Der älteste, 630 geborene Sohn Sigebert III. (639–656/57) war das Kind einer Konkubine namens Ragnetrud. In seinem Fall entfaltet letztmalig bei den Merowingerkönigen das Prinzip Wirkung, dass nicht der Status der Mutter, sondern die Anerkennung durch den Vater für die Nachfolge zählte. Der 634 geborene Chlodwig II. (639–656/57) hatte die Königin Nanthild, eine Sächsin aus dem Hofgesinde, zur Mutter, während der König von zwei weiteren Ehefrauen, nämlich Vulfegundis und Berchildis, keine Kinder hatte. Von Berchildis hat sich immerhin ein Siegelring mit der Aufschrift *Berteildis regina* erhalten – somit wird Fredegars Angabe zu dieser Ehefrau bestätigt.

Auch wenn die auf Dagobert folgenden Könige wie etwa sein Sohn Chlodwig II. noch Konkubinen hatten, sorgten doch die zunehmende Verchristlichung der merowingischen Gesellschaft und damit der größere Einfluss der Kirche dafür, dass die Polygamie der Könige in die Kritik geriet und letztlich aufhörte.

Sigebert III. (639–656/57) in Austrien und Chlodwig II. (639–656/57) in Neustrien Wieder waren es zwei Halbbrüder, die sich die Herrschaft über das Frankenreich teilten und schließlich entweder im selben oder in zwei aufeinander folgenden Jahren in noch jugendlichem Alter starben.

In Austrien übernahmen Pippin der Ältere und Bischof Kunibert von Köln die Regentschaft für den ungefähr neunjährigen Sigebert, während in Neustrien die Königinwitwe Nanthild zusammen mit dem Hausmeier dies für den etwa fünfjährigen Chlodwig tat. Dagoberts Schatz wurde zwischen Sigebert, Chlodwig und Nanthild aufgeteilt. Ob Sigeberts Mutter Ragnetrud gleichfalls beteiligt wurde oder nicht, weil sie nur eine Konkubine oder zu diesem Zeitpunkt vielleicht bereits tot war, berichten die Quellen nicht.

Der Tod Pippins des Älteren im Jahr darauf löste eine Krise in Austrien aus, da es seinem Sohn Grimoald verwehrt wurde, ihm als Hausmeier nachzufolgen. Ein Feldzug gegen die Thüringer, der von Pippin und seinen Anhängern – darunter die Söhne Arnulfs von Metz – erzwungen wurde, endete mit einer Niederlage; daraufhin entglitten die rechtsrheinischen Gebiete der Zentralgewalt mehr und mehr. Sigeberts Erzieher, der Grimoalds Erhebung zum Hausmeier verhindert hatte, wurde ermordet.

Nach Erreichen der Mündigkeit mit 15 Jahren heiratete Sigebert III. eine Frau namens Chimnechilde. Die Ehe blieb jedoch zunächst kinderlos. Anscheinend fürchteten Grimoald, der inzwischen doch das Hausmeieramt erlangt hatte, und weitere austrische Große um ihre Machtposition, falls der neustrische Halbbruder Chlodwig im Falle eines plötzlichen Todes von Sigebert diesen beerben sollte. Grimoald bewegte daher den kinderlosen Sigebert, seinen eigenen Sohn zu adoptieren, der dann den Merowingernamen Childebert erhielt. Die Namenswahl könnte andeuten, dass Grimoald diesen Schritt in bewusster Anknüpfung an die Adoption Childeberts II. durch den kinderlosen König Gunthram im Jahr 577 vornahm. Als Chimnechilde zwischen 650 und 655 doch noch eine Tochter namens Bilichild und einen Sohn namens Dagobert gebar, war Grimoalds indirekter Griff nach der Königskrone in Frage gestellt. 656 oder 657 trat das schon früher befürchtete Ereignis ein und Sigebert III. starb im Alter von nur 22 bis 24 Jahren – genau wissen wir das nicht. Der Hausmeier war aber offenbar nicht mehr bereit, auf die Thronfolge seines eigenen Sohnes zu verzichten und ließ den kleinen Dagobert nach Irland schaffen, statt eine Regentschaft gemeinsam mit dessen Mutter Chimnechilde zu führen. Bischof Chlodulf, der älteste Sohn Arnulfs von Metz, bestattete den toten König Sigebert III. in seiner Bischofsstadt.

Auch in Neustrien verlief die Regentschaft für den kleinen Chlodwig II. nach dem Tod seines Vaters Dagobert nicht problemlos: Der Hausmeier Aega starb bereits 641 und die Königin Nanthild im Jahr darauf. Blutige Adelsfehden und Kämpfe um das Hausmeieramt von Neustroburgund waren die Folge.

Erchinoald, ein Verwandter von Dagoberts Mutter, setzte sich schließlich durch und verheiratete den jungen König, sobald dieser mündig war, d. h. um 650, mit Balthild, die wohl aus vornehmer oder gar königlicher Familie von den Britischen Inseln stammte. Zwischen 650 und 655 bekam das Paar drei Söhne, nämlich Chlothar, Theuderich und Childerich. Bald darauf (656/57) starb Chlodwig II. mit nur 27 Jahren. Der *Liber Historiae Francorum* zeichnet ein negatives Bild von ihm und lässt ihn als den ersten ‹Schattenkönig› erscheinen.

Der gescheiterte ‹Staatsstreich› Grimoalds Die Geschehnisse, die sich nach dem Tod Sigeberts III. im Frankenreich zutrugen, sind aufgrund widersprüchlicher Aussagen der Quellen nicht eindeutig zu rekonstruieren. In die sogenannten Königskataloge – einer Aufzählung der merowingischen Herrscher – ist Childebertus adoptivus, der vom König adoptierte Sohn des Hausmeiers Grimoald, jedenfalls aufgenommen worden, und zwar mit einer Regierungszeit von sieben Jahren. Da Childebertus adoptivus im Vergleich zum verdrängten und nach Irland abgeschobenen Dagobert wesentlich älter gewesen sein muss, scheint er bis zu seinem Tod, vermutlich gestützt von seiner Familie, unangefochten in Auster regiert zu haben.

Sein Vater Grimoald hat ihn dabei entweder unterstützt oder aber fiel bereits bald nach 657 den Neustriern in die Hände, die ihn hinrichteten. Dies kann sich aber auch erst 662 nach dem Tod des Childebertus adoptivus ereignet haben.

Mit dem Tod von Vater und Sohn scheiterte jedenfalls der Griff nach der Krone im Frankenreich. Man hat den sogenannten Staatsstreich Grimoalds vor allem deshalb so intensiv diskutiert und den genauen Ablauf zu erhellen versucht, weil man in diesem Scheitern einen wesentlichen Grund dafür gesehen hat, dass die karolingische Familie in der Zeit der machtlosen merowingischen Schattenkönige nach 687 so lange gezögert hat, nach der Krone zu greifen. Bis zur Übernahme des Königtums durch Pippin den Jüngeren 751 vergingen schließlich 64 Jahre.

Königin Balthild, der Hausmeier Ebroin und Chlothar III. (657–673)
Wenn die wahrscheinlichste Rekonstruktion des Staatsstreiches stimmt und Grimoald um 662 in Paris hingerichtet wurde, so geschah dies unter der Regentschaft der Königin Balthild für ihren Sohn Chlothar III., unterstützt vom Hausmeier Ebroin. Auf ihr Betreiben ist es daher wohl auch zurückzuführen, dass Balthilds jüngster Sohn Childerich II. mit seiner austrischen Cousine Bilichild, der Tochter von Chimnechilde und Sigebert III., in einer ‹Kinderhochzeit› verheiratet wurde und so den austrischen Thron bestieg. Damit kam es auch in Austrien zu einer Regentschaft der königlichen Mutter – in dem Fall für ihren unmündigen Schwiegersohn.

Neustrien wurde in den Jahren von Balthilds Regentschaft durch einen Aufstand der burgundischen Opposition erschüttet, in dessen Verlauf Bischof Aunemund von Lyon ermordet wurde. Dies hat Balthilds Bild in einigen Quellen verdüstert, denn die Königin war eigentlich eine große Förderin der Kirchen. Sie unterstellte die bedeutenden Abteien des Merowingerreiches direkt der Königsfamilie und befreite sie damit von den Abgaben an den Diözesanbischof wie auch aus seiner jurisdiktionellen Zuständigkeit. Es ist wahrscheinlich, dass dies einer ganzen Reihe von einflussreichen Bischöfen nicht gefiel und sie Balthild zwangen, sich ins Kloster Chelles bei Paris zurückzuziehen, als ihr Sohn Chlothar III. 664/65 mündig wurde.

Bis zu ihrem Tod 680/81 lebte Balthild dort als Wohltäterin und Förderin der Kirche. Ihr Totenhemd, dessen kostbare Stickerei offenbar Schmuck imitieren sollte, hat die Wirren der Französischen Revolution im Klosterschatz überdauert und gehört heute zu den berühmtesten Stücken aus der Merowingerzeit. Man konnte sogar feststellen, dass die Königin im Alter

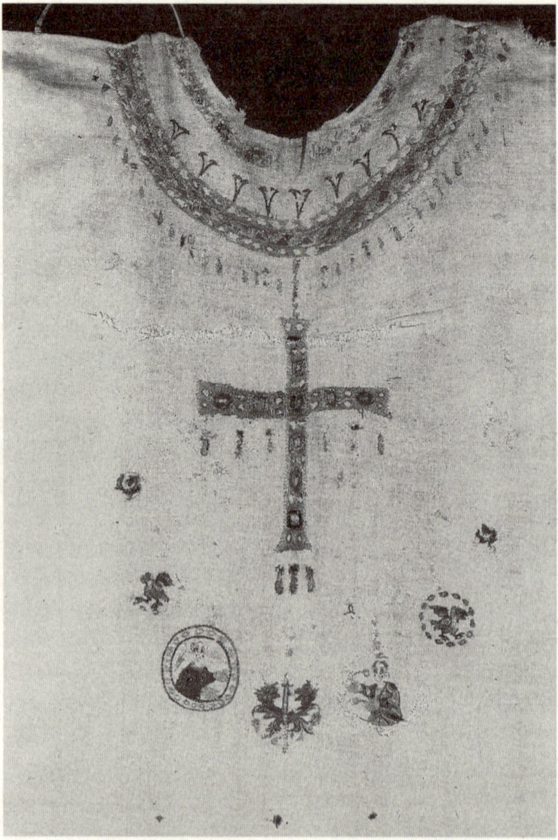

Hemd der Königin Balthild, mit dem diese bestattet wurde; es besteht aus Leinen mit Woll- und Goldstickerei, die Schmuck imitieren sollte (680/81 aus Kloster Chelles bei Paris).

ihre Haare rot färbte, denn in einem kleinen Reliquiar in Chelles haben sich neben Stücken aus ihrem Besitz auch einige Haare erhalten. Ob auch ein goldener Ring, der 1998 bei Norwich in Balthilds alter Heimat gefunden wurde und den Namenszug «Baldehildis» trägt, von der Königin stammt, ist indes nicht zu klären.

Nach Balthilds Rückzug 664/65 beherrschte der Hausmeier Ebroin den jungen König und das Reich. Er schloss die Großen Frankoburgunds vom direkten Zugang zum König aus und versuchte, sich seiner mächtigsten Gegner in dieser Region, darunter Bischof Leodegars von Autun, zu entledigen. Als Chlothar III. jedoch im Jahr 673 mit nur 22 Jahren plötzlich starb, erfolgte die Gegenreaktion: Ebroins Feinde in Neustrien riefen nun – in ähnlicher Weise wie 613 – die Austrier ins Land, und damit König Childerich II., den Bruder des verstorbenen Chlothar. Vergeblich versuchte Ebroin noch, den jüngsten Balthild-Sohn Theuderich auf den neustrischen Thron zu setzen – genau wie Brunichild 613 versucht hatte, die Regentschaft für ihren Urenkel zu übernehmen, um weiterregieren zu können. Die Neustrier ließen Ebroin und den jungen Theuderich aber zu Mönchen scheren, und dann wurde der abgesetzte Hausmeier in die Abtei Luxeuil gebracht und der junge Theuderich ins Kloster Saint-Denis bei Paris.

Das merowingische Frankenreich hatte nun erneut einen Gesamtherrscher in Gestalt des aus Neustrien stammenden, austrischen Königs Childerich II.

Childerich II. (†675) und Dagobert II. (†679), zwei kurzlebige Gesamtherrscher Der wichtigste Ratgeber des neuen Gesamtherrschers wurde Bischof Leodegar von Autun, der Widersacher des abgesetzten Hausmeiers Ebroin. Er überwarf sich jedoch bald mit dem König, vermutlich auch wegen Childerichs von der Kirche als unkanonisch angesehener Ehe mit seiner Cousine Bilichild. Außerdem spielten wohl unterschiedliche Auffassungen über die Rechte der einzelnen Teilreiche eine Rolle, denn anscheinend versuchte Childerich seine Macht im Gesamtreich zu festigen. Letztlich fiel auch er nach nur zwei Jahren einer Adelsverschwörung zum Opfer, deren Begleitumstände grausam waren: Mit dem König wurden im Jahr 675 seine schwangere Frau Bilichild und der ungefähr fünf Jahre alte Sohn Dagobert ermordet. Nur der zweite, wohl erst ein- oder zweijährige Sohn wurde verschont und unter dem Namen Daniel in ein Kloster eingewiesen. Die Toten wurden in die alte merowingische Grablege Saint-Germain-des-Prés überführt, wo man fast 1000 Jahre später, nämlich 1656, ihre Gräber wieder auffand. Der neustrische Hausmeier Wulfoald floh nach Austrien. König Childerich II. war nur ungefähr 19 Jahre alt geworden.

Nach diesem Mord brach der Krieg aller gegen alle aus, denn jetzt standen sich verschiedene Adelsgruppen in den Teilreichen unversöhnlich gegenüber: In Neustrien erhob eine Partei um Bischof Leodegar von Autun, zu der auch der frühere Hausmeier Ebroin stieß, Theuderich III., den jüngsten Sohn von Balthild und Chlodwig II., auf den Thron. Dafür musste dieser erst einmal wieder aus dem Kloster Saint-Denis geholt werden, in das man ihn zwei Jahre zuvor eingewiesen hatte. In Austrien holte eine Gruppe um den aus Neustrien geflohenen Hausmeier Wulfoald den 656 nach Irland exilierten Dagobert II. zurück, den Sohn von Chimnechilde und Sigebert III.

Ebroin überwarf sich aber bald neuerlich mit Bischof Leodegar, weil dieser ihn nicht wieder zum Hausmeier machte. Daraufhin erhoben Ebroin und seine Anhänger einen weiteren König, nämlich einen angeblichen Sohn Chlothars III., des ältesten Sohnes von Balthild und Chlodwig II. Dieser nannte sich nach seinem angeblichen Großvater Chlodwig und wird als Chlodwig (III.) gezählt.

Mit Hilfe der Austrier gewann Ebroin den Machtkampf gegen Leodegar: In einem Überraschungscoup überfiel er den Hof, sicherte sich den Königsschatz und den jungen König, Theuderich III. Den angeblichen Chlothar-Sohn Chlodwig (III.) ließ er jetzt fallen und beseitigte rücksichtslos seine Gegner. Auch Bischof Leodegar wurde eine Zeit lang gefangen gesetzt, dann aber grausam gefoltert und getötet, was ihn zum Märtyrer und Heiligen machte. Den Franken Ingobert aber, der an der Ermordung Childerichs II. und seiner Familie beteiligt gewesen war, machte Ebroin zum neuen Grafen von Paris.

679, nach nur vier Jahren Regierungszeit wurde dann in Austrien der junge König Dagobert II. ermordet, der vom vertriebenen neustrischen Hausmeier Wulfoald aus dem irischen Exil geholt worden war. Auch hier hatte gewiss Ebroin seine Hände im Spiel, möglicherweise aber auch die Pippiniden.

Dagobert, der vor allem von seinem Freund, dem Missionar Wilfried von York betrauert wurde, fand sein Grab nicht etwa in einer der berühmten merowingischen Grablegen, sondern am Ort seiner Ermordung, in Stenay im Remigius-Oratorium, wo er seit dem 11. Jahrhundert als Märtyrer verehrt wurde. Ob Dagobert in den knapp vier Jahren seiner Herrschaft geheiratet hat, wissen wir nicht. Jedenfalls hinterließ er keinen männlichen Nachkommen.

Die Entscheidung zugunsten der Arnulfinger-Pippiniden (Tertry 687)

Doch mit der Beseitigung des austrischen Königs endete das Morden nicht, denn nachdem nun die Arnulfinger-Pippiniden wieder an der Spitze standen, ging das Ringen des Adels um die Vorherrschaft im Frankenreich weiter: Die Austrier hatten nach der Ermordung Dagoberts zwar formell Theuderich III. als neuen Gesamtherrscher anerkannt, doch kam es im Jahr 680/81 zu einem erneuten Schlagabtausch zwischen Auster und Neuster. Dabei wurde das austrische Heer unter Führung Pippins des Mittleren und des *dux* (Herzog) Martin von den Neustriern mit Ebroin und Theuderich III. an der Spitze geschlagen; aber zwei weitere Morde veränderten das Kräfteverhältnis nachhaltig. Zunächst wurde auf austrischer Seite der *dux* Martin umgebracht, bald darauf in Neustrien Ebroin beseitigt. Dem neustrischen Adel war nun anscheinend an einer Schwächung des Hausmeieramtes gelegen, was sich als fatal erweisen sollte. Die beiden Nachfolger Ebroins, Waratto und Berchar, werden in den Quellen als wenig fähig und geeignet geschildert.

So sah Pippin der Mittlere im Jahr 687 seine Chance gekommen und schlug die Neustrier bei Tertry. In der Folge wurde der Hausmeier Berchar, der zunächst nach verlorener Schlacht geflüchtet war, ermordet und Theuderich III. unter Kuratel des austrischen Hausmeiers gestellt. Eine Schilderung der Ereignisse besitzen wir allerdings nur aus der Feder des prokarolingischen *Liber Historiae Francorum*, der im Jahr 727 abgeschlossen wurde und die austrischen Hausmeier weit mehr würdigt als die merowingischen Könige. Jedenfalls gilt Pippins Sieg bei Tertry als wichtige Etappe auf dem Weg der Karolinger zum Königtum.

5. Merowingische Schattenkönige (687–751)

In den 64 Jahren, die zwischen dem Sieg Pippins des Mittleren bei Tertry und der Königserhebung Pippins des Jüngeren 751 liegen, wurden insgesamt acht merowingische Könige oder Gegenkönige von den Hausmeiern eingesetzt, in den Jahren 737 bis 743 gab es gar keinen König. Wir kennen auch nur noch eine einzige Königin: Chrodechilde, die Ehefrau Theuderichs III. und Mutter von Chlodwig III. (690/91–694) und Childebert III. (694–711). Sie führte eine kurze Zeit während der Minderjährigkeit ihres älteren Sohnes die Regentschaft. Chlodwig III. starb allerdings bereits mit 16 oder 17 Jahren.

Bezeichnend ist außerdem, dass keiner der Könige mehr in den traditionellen Grablegen wie Saint-Denis oder Saint-Germain-des-Prés bestattet wurde, sondern in einfachen Dorfkirchen in Arras, Noyon oder Compiègne.

Ob die Könige nach Theuderich III. noch Ehen eingingen oder ihnen nur Konkubinen zugestanden wurden, von denen die Söhne stammten, ist ebenfalls unklar. Wie sehr die Quellen nun über die aufstrebende Familie der späteren Karolinger berichten und die Königsdynastie kaum noch erwähnen, zeigt sich unter anderem daran, dass wir nicht einmal erfahren, ob Theuderich IV. (721–737) oder Chilperich II. (715/16–721) Vater des letzten Merowingerkönigs Childerich III. (743–751) war, den Pippin der Jüngere zusammen mit seinem Sohn ins Kloster einwies.

Glaubt man der Schilderung Einhards in der *Vita Karoli Magni*, so gab es in der merowingischen Spätzeit auch keinen Königshof mehr, sondern nur noch ein Landgut, auf dem der König mit einigen Bediensteten lebte. Für die Richtigkeit dieser Angabe könnte sprechen, dass der *Liber Historiae Francorum* behauptet, sowohl Dagobert III. als auch Theuderich IV. seien im Kloster Chelles erzogen worden.

Drei Könige (Dagobert III., Chilperich II., Theuderich IV.) und ein Gegenkönig (Chlothar IV.) Als Pippin der Mittlere am 16. Dezember 714 starb, waren seine beiden Söhne bereits tot: Der Hausmeier Grimoald der Jüngere war kurz zuvor ermordet

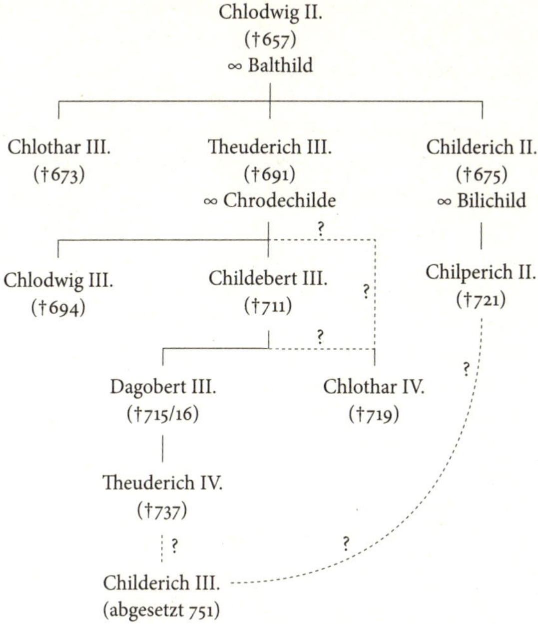

Die merowingische Dynastie bis 751

worden und der *dux Burgundionum* Drogo war ebenfalls nicht mehr am Leben. Die ‹Regentschaft› übernahm daraufhin Pippins Witwe Plectrud für den schnell zum Hausmeier ernannten illegitimen Sohn Grimoalds namens Theudoald und den 15 bis 18 Jahre alten König Dagobert III. (711–715/16). Die Neustrier erkannten diese Regelung jedoch nicht an und schlugen die Austrier bei Compiègne.

Nach verlorener Schlacht musste Dagobert III. gewissermaßen als Faustpfand mit nach Neustrien ziehen, wo er bald darauf mit nur knapp 20 Jahren starb. Trotz seines jugendlichen Alters hinterließ er einen Sohn, Theuderich IV. (721–737), der allerdings nicht auf den Thron gesetzt wurde – vielleicht weil man gegenüber den Gegnern in Austrien keinen minderjährigen König präsentieren wollte.

Die Neustrier entschieden sich stattdessen für einen Merowingerprinzen, der eigentlich lange vergessen schien und für den seine Erhebung ein ‹Kulturschock› gewesen sein muss – vergleichbar mit dem Dagoberts II. 675, als er nach fast 20 Jahren aus Irland ins Merowingerreich zurückgeholt wurde: Der Kleriker Daniel war der einzig überlebende Sohn des 675 ermordeten Königspaares Childerich II. und Bilichild und hatte sein ganzes bisheriges Leben im Kloster verbracht. Unter dem Königsnamen Chilperich II. (715/16–721) bestieg er nun den neustrischen Thron, wobei der *Liber Historiae Francorum* ausdrücklich berichtet, dass er zunächst einmal sein Haar wachsen lassen musste, um das optische Erkennungsmerkmal eines Merowingerkönigs vorweisen zu können.

Unterdessen hatten sich in Austrien die Verhältnisse geändert: Karl, der älteste Sohn Pippins des Mittleren aus einer früheren Ehe, der später nach seinem Sieg über die Araber bei Tours und Poitiers den Beinamen «Martell» (der Hammer) erhielt, war aus der Haft seiner Stiefmutter Plectrud entkommen und fand nach der Niederlage der Austrier bei Compiègne schnell Anhänger. Im März 717 verloren die Neustrier eine Schlacht gegen Karl, der nun einen eigenen Gegenkönig erhob: Chlothar IV. (717–719). Ähnlich wie dann beim letzten Merowingerkönig Childerich III. bleibt auch beim Gegenkönig Chlothar unklar, wer sein Vater war, aber es dürfte sich bei ihm kaum um einen ‹Pseudo-Merowinger› gehandelt haben, wie man bisweilen vermutet hat, denn Karl Martell konnte seine Legitimation nur durch einen tatsächlich von der Dynastie abstammenden Merowinger gewinnen. So kann Karls Gegenkönig Chlothar IV. eigentlich nur ein dritter Sohn Theuderichs III. (675–690/91) gewesen sein oder ein zweiter Sohn Childeberts III. (694–711). Dann war er wohl zwischen 20 und 35 Jahre alt.

Im Jahr 718 konnte Karl Martell die Neustrier zwar besiegen, doch nahm deren Verbündeter, Herzog Eudo von Aquitanien, bei seiner Flucht vor Karl und den Austriern nicht nur den Königsschatz mit, sondern auch den neustrischen König Chilperich II., den ehemaligen Kleriker Daniel. Als Chlothar IV. im Jahr darauf plötzlich starb, fehlte dem Hausmeier wiederum die

Legitimationsfigur und er nahm Verhandlungen mit dem Herzog von Aquitanien auf. Man einigte sich auf die ‹Rückgabe› König Chilperichs II., der allerdings bereits 721 starb, vermutlich ohne männlichen Nachkommen, falls nicht der letzte Merowingerkönig doch sein Sohn war.

Nun holte man aus Kloster Chelles bei Paris den sechs- bis neunjährigen Theuderich, den Sohn des 715/16 mit 20 Jahren verstorbenen Dagobert III. Über ihn ist nichts weiter bekannt; die Quellen berichten nicht einmal, ob er Kinder hatte und wo er bestattet wurde, als er 16 Jahre später im Alter von ungefähr 25 Jahren starb (737).

Karl Martell konnte es sich nun leisten, den Merowingerthron unbesetzt zu lassen. Die Quellen berichten nur noch vom Schicksal und den politischen Aktivitäten der karolingischen Familie.

Childerich III. (743–751), der letzte Merowingerkönig Die merowingische Geschichte begann mit einem König namens Childerich und sie endete knapp 300 Jahre später mit einem König dieses Namens. Dazwischen lag der Aufstieg eines Volkes sowie die Gründung und Expansion des bedeutendsten Reiches der Völkerwanderungszeit, aber auch blutige Familienfehden und Machtkämpfe, bei denen Mord das beliebteste Mittel war, um den politischen Gegner auszuschalten.

Dass mit Childerich III. 743 überhaupt noch einmal nach einer Unterbrechung von sieben Jahren ein Merowingerkönig auf den Thron gesetzt wurde, ist viel diskutiert worden. Anscheinend hielten die Söhne des 741 verstorbenen und in Saint-Denis bestatteten Karl Martell, Karlmann und Pippin, zur Sicherung ihrer Macht diesen Schritt für notwendig, vielleicht war es aber auch mehr der Hausmeier Karlmann, der an der Dynastie festhalten wollte.

Wie schon erwähnt, weiß man nicht, wer der Vater Childerichs III. war. Dies ist bezeichnend für den Machtverfall der Königsdynastie, aber auch für die Haltung der zeitgenössischen Quellenautoren, die ihr Interesse schon auf die ‹neue› Dynastie gerichtet hatten.

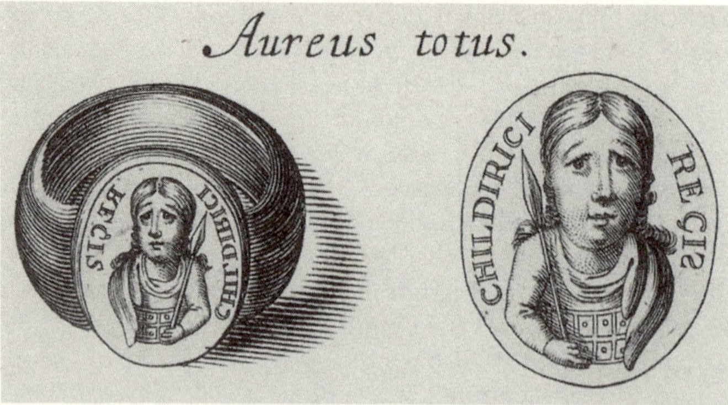

Zeichnung des im Childerichgrab in Tournai 1653 aufgefundenen Siegelringes Childerichs I. von Jean-Jacques Chifflet.

Als Karlmann 747 die Hausmeierwürde niederlegte und ins Kloster eintrat, sicherte sein Bruder Pippin die Macht im Frankenreich für sich und seine Nachkommen: Er schaltete die Söhne seines Bruders und auch seinen Halbbruder Grifo von der Nachfolge aus und betrieb die Absetzung Childerichs III.

Offenbar fürchtete er aber den Rückhalt, den die merowingische Dynastie immer noch im Frankenreich genoss, und suchte sich eine neuartige Legitimation für seinen Schritt: Pippin schickte eine offizielle Gesandtschaft nach Rom, die den Papst fragen sollte, ob es besser sei, den als König zu bezeichnen, der die Macht besitze oder den, der sie nicht habe. Nachdem die Gesandtschaft mit der erwünschten Antwort aus Rom zurückgekehrt war, ließ Pippin Childerich III. zum Mönch scheren und ins Kloster Saint-Bertin bringen. Dort ist der abgesetzte Merowingerkönig zu einem unbekannten Zeitpunkt verstorben und vermutlich auch begraben worden.

Childerich, der bei seiner Einweisung ins Kloster zwischen 21 und 35 Jahren alt gewesen sein dürfte – je nachdem, wer sein Vater war – hatte bei seiner Absetzung mindestens einen Sohn, der Theuderich hieß. Diesen schickte Pippin ebenfalls ins Kloster, aber nicht nach Saint-Bertin, sondern nach Saint-Wandrille. Anscheinend hatte er Angst vor einer Reaktion ‹königstreuer›

Kreise im Frankenreich und wollte daher nicht beide, den abgesetzten König und den potentiellen Thronfolger, in einem einzigen Kloster beisammen lassen.

Festzuhalten bleibt jedenfalls, dass trotz der zahlreichen in jungem oder sehr jungem Alter verstorbenen Merowingerkönige des 7. und 8. Jahrhunderts die Dynastie nicht ausgestorben war, als Pippin der Jüngere nach der Krone griff.

Der Übergang der Zeit der Merowinger zur Zeit der Karolinger ist ein politisch wie verfassungsrechtlich bedeutsames Kapitel der frühmittelalterlichen Geschichte, von dem die Quellen allerdings nur einseitig und dunkel berichten.

II. Herrschaft, Gesellschaft und Kultur der Merowinger

1. Die merowingischen Könige als Krieger, Herrscher und Richter

Der König Das merowingische Königtum war – wie in den anderen frühmittelalterlichen Reichen auch – ein Heerkönigtum, d. h., der König war der oberste Heerführer und sein Kriegsgeschick und Kriegsglück waren entscheidend für den Aufstieg oder Untergang seines Reiches und seines Volkes und damit auch für sein eigenes Schicksal. Da der Franke Childerich I. durch seinen Dienst für die Römer aufgestiegen war, drückte sich seine Stellung in verschiedenen Insignien aus, die wir, wie schon erwähnt, vor allem dank der Funde aus seinem Grab in Tournai kennen: Als römischer Foederatenoffizier trug er den römischen Militärmantel (*paludamentum*), die vom Kaiser als Auszeichnung überreichte Zwiebelknopffibel sowie den Siegelring. Als König eines barbarischen Reiches aber zeichnete ihn neben dem Thron (*cathedra*) der Schild (*parma*), der Speer (*hasta*) und das lange Haupthaar aus, das auf dem goldenen Siegelring auch deutlich erkennbar ist.

Interessant ist nun, dass die Merowinger anfangs offenbar nicht die einzigen fränkischen Könige waren, die langes Haupthaar trugen. Gregor von Tours beschreibt sehr anschaulich den Untergang des salischen Teilkönigs Chararich und seines Sohnes, die Chlodwig I. gefangen nehmen und scheren ließ. Als die beiden später drohten, sich wieder die Haare wachsen zu lassen, um so erneut als Könige anerkannt zu werden, ließ Chlodwig sie töten. Das lange Haar hatte gewissermaßen magische Bedeutung, denn auch in der späten Merowingerzeit mussten die Merowingerprinzen, die aus dem Kloster geholt wurden, um den Thron zu besteigen, sich unverzüglich die Haare wachsen lassen, um anerkannt zu werden. Es ist kein Zufall, dass die nach-

Der Herrscher als Gesetzgeber in einer Handschrift der Lex salica aus Sankt Gallen, die der Mönch Wandelgarius im Oktober/November 793 schrieb.

folgenden Karolinger diesen Brauch nicht fortführten, sie wollten sich bewusst von der Dynastie der langhaarigen Könige unterscheiden.

Da die Merowinger den Ursprung ihrer Dynastie auf ein Meeresungeheuer, halb Stier und halb Mensch, zurückführten, das der Sage nach den Stammvater Merowech zeugte, gehörten Stierköpfe und ein von Ochsen gezogener Reisewagen des Königs zu ihren kultischen Symbolen. An all diesen magisch-heidnischen Elementen änderte sich auch durch den Übertritt Chlodwigs I. zum Christentum nichts.

An verschiedenen Episoden aus dem Leben Chlodwigs, die Gregor von Tours überliefert – man denke etwa an die Geschichte vom ‹Krug von Soissons› oder von der Ermordung Chararichs und seines Sohnes –, kann man ablesen, dass der König die absolute Gewalt über Leben und Tod seiner Untertanen hatte, d. h. dass er selbst ungestraft töten konnte. Auch die weitere merowingische Geschichte nach Chlodwig I. bietet dafür zahlreiche Beispiele. Die Ermordung eines Gegners war ein häufig eingesetztes Mittel der Politik, im Zweifelsfall konnte sie aber auch den König selbst treffen, wie die Tötung einiger Merowingerkönige durch fränkische Adelige zeigt. Die hohe Gewaltbereitschaft der Epoche schwächte sich erst gegen Ende des 7. Jahrhunderts im Zuge fortschreitender Christianisierung ab.

Die Ereignisgeschichte lehrt andererseits, dass viele merowingische Könige grausam gewesen sein mögen, aber trotzdem fromm waren und Kirchen oder Klöster gründeten und ausstatteten. Die bedeutenden merowingerzeitlichen Kirchen wie Sainte-Geneviève, Saint-Germain-des-Prés und Saint-Denis in Paris oder Saint-Médard in Soissons waren samt und sonders königliche Gründungen. Auch zahlreiche königliche Schenkungen oder die Erteilung von Privilegien galten Kirchen und Klöstern.

Das Erbe des Römischen Reiches wirkte fort: Die merowingischen Könige waren gebildet; da sie in den Diensten der Römer aufgestiegen waren und die römischen Verwaltungsstrukturen übernahmen, mussten sie in der Lage sein, Urkunden zu lesen und auch ihre eigenhändige Unterschrift unter die Dokumente zu setzen. Die Polemik Gregors von Tours, König Chilperich I. (561–584) habe christliche Hymen mit «hinkenden Versen» gedichtet, eine haeretische Schrift verfasst und dem Alphabet unnützerweise einen weiteren Buchstaben hinzufügen wollen, was von den Gebildeten nicht akzeptiert worden sei, bedeutet ja im Umkehrschluss, dass der Merowinger eine umfassende Ausbildung erhalten haben muss und auch die Neigung zu solch geistiger Beschäftigung pflegte.

Wenn im Jahr 664 der minderjährige König Childerich II. († 675) in einer Urkunde schreibt, er habe «wegen der Schwäche seines Alters» die Urkunde nicht eigenhändig unterzeichnen können, beweist dies, dass man dies eigentlich von einem merowingischen König erwartete, und Diplome aus späteren Jahren belegen auch, dass Childerich es lernte. Die spätmerowingischen Könige, die im Kloster erzogen worden waren, bevor man sie auf den Thron hob, werden in ihrer Jugend unter Mönchen mit Sicherheit schreiben und lesen gelernt haben.

Die Bildung der merowingischen Könige und auch ihre Förderung der Kirchen müssen betont werden, weil diese Aspekte das Bild von den tumben und brutalen Gestalten, die von den glanzvollen Karolingern zu Recht verdrängt worden seien, konterkarierten. Im Gegenzug sei daran erinnert, dass Karl der Große sich bemühte, wie es in der berühmten und viel zitierten Stelle in Einhards *Vita Karoli Magni* heißt, in schlaflosen Nachtstunden schreiben zu lernen.

Der Königsschatz Nicht zuletzt für eine Förderung der Kirchen war der Schatz des Königs (*thesaurus*) von großer Bedeutung, also das bewegliche Vermögen in Form von Gold, Edelsteinen, Münzen, Schmuck und kostbaren Geräten. Er setzte sich zusammen aus Ererbtem, aus Kriegsbeute sowie Steuern und Abgaben der Untertanen. Der Schatz erfüllte eine doppelte Funktion: Zum einen diente er der Repräsentation und zeigte die Bedeutung und den Reichtum seines Besitzers, zum anderen war er die materielle Ressource, aus der der König Anhänger belohnen konnte. Offenbar lagerte dieser Schatz nicht dauerhaft in der Hauptstadt des merowingischen Reiches oder Teilreiches, sondern wurde mitgeführt und gegebenenfalls zur Schau gestellt. So schildert es jedenfalls Gregor von Tours, dem der ungeliebte König Chilperich I. im Jahr 581 persönlich seinen Schatz vorgeführt haben soll, um seinen Reichtum und damit seine Macht zu beweisen. Wenn der König starb, war es wichtig, dass der Nachfolger oder aber – bei Minderjährigkeit des Sohnes – die Königin sich den Schatz aneignete, denn er war eine wichtige materielle Grundlage für die Sicherung der Herrschaft.

Die Kriegsbeute Als 536/37 noch die Provence dem merowingischen Frankenreich einverleibt wurde, hatte es seine größte Ausdehnung erreicht. Die Zeit der Expansion war damit vorbei und es gab nur noch gelegentlich Kriegszüge zur Grenzsicherung, allerdings auch immer wieder blutige Bürgerkriege der einzelnen Teilkönige gegeneinander.

Gregor von Tours behauptet, dass das fränkische Heer zur Zeit Chlodwigs I. (481/82–511) ca. 3000 Mann umfasste. Dies waren freie Franken, die sich immer am 1. März zu einer Heeresversammlung trafen, dem sogenannten Märzfeld. Die schon erwähnte Episode vom ‹Krug von Soissons› spielt ja in zwei aufeinander folgenden Jahren auf dem Märzfeld, da in der Zeit der Expansion des Reiches bei dieser Gelegenheit die Kriegsbeute aufgeteilt wurde. Die Aussicht auf reiche Kriegsbeute bot immer einen Anreiz, um in den Kampf zu ziehen, und so war die Bevölkerung des überfallenen und eroberten Gebietes so gut wie jedes Mal Plünderungen und ihre Heimat Verwüstungen ausgesetzt, was ganze Landstriche entvölkerte und Hungersnöte nach sich zog, weil das gesamte Getreide weggeschleppt und Vieh vom feindlichen Heer weggetrieben wurden. Daran änderte sich auch in der Zeit der blutigen ‹Bürgerkriege› nichts, nur dass bei diesen Kriegszügen die Könige auf ihren Anteil an der Kriegsbeute verzichtet zu haben scheinen, weil sie vermeiden wollten, dass ihr Heer die Seite wechselte.

Neben den Mitgliedern der Oberschicht hatten im frühen Mittelalter auch die Bischöfe in den Krieg zu ziehen, wobei der eine oder andere im Kampf sein Leben ließ. Außerdem gab es Leute aus der freien Unterschicht und Männer im Königsdienst, die mit in den Krieg zogen. Gregor von Tours unterschied hier zwischen den *robustiores*, die ein Pferd besaßen und daher als berittene Krieger kämpften, und den *inferiores* oder *pauperes*, den einfachen Fußsoldaten. Die Archäologie hat diese gesellschaftlichen Unterschiede bestätigt, da die Ausstattung der Männergräber zeigt, dass die merowingischen Krieger sich untereinander nicht nur durch den Besitz eines Pferdes unterschieden, sondern beispielsweise auch durch die Qualität ihrer Waffen und ihrer Schutzkleidung wie Helm oder Kettenhemd. Entsprechend dem sozialen Rang der Krieger wurde auch die Kriegsbeute aufgeteilt.

Die Hofämter In Friedenszeiten regierte der König sein Reich, indem er darin umherzog (Reisekönigtum): Er zeigte so allenthalben Präsenz, sprach Recht, konnte in den verschiedenen Regionen seine Naturaleinkünfte verzehren und sich vom Zustand der jeweiligen Gebiete seines Reiches ein Bild machen. Die Merowingerkönige reisten aber natürlich nicht allein; vielmehr gehörten zu ihrem Hof neben der Königin oder den Königinnen und Konkubinen auch die Kinder des Königs sowie die Inhaber der einzelnen Hofämter und zahlreiche Bedienstete und Handwerker. Verwandte sowie geistliche und weltliche Große hielten sich ebenfalls für eine gewisse Zeit am Hof auf. Logistisch bedeutete dies einen beachtlichen Aufwand und stellte eine Herausforderung dar, die von den Inhabern der einzelnen Hofämter gemeistert werden musste.

Aus der politischen Geschichte lässt sich ablesen, dass das wichtigste Amt am Hof das des Hausmeiers (*maior domus*) war. Es wurde ursprünglich stets aufs Neue vom König vergeben, im Laufe des 7. Jahrhunderts in den einzelnen Teilreichen aber erblich; damit entwickelte es sich mehr und mehr zu einer eigenen politischen Größe neben dem König, bis schließlich der Hausmeier Pippin der Jüngere 751 den letzten Merowingerkönig absetzte und ins Kloster einwies. So ist es sicher kein Zufall, dass es unter den karolingischen Königen das Amt des Hausmeiers nicht mehr gab, wohl aber die anderen Hofämter.

Der Hausmeier war ursprünglich, wie der Name schon sagt, für das Funktionieren des Königshofes verantwortlich. Unterstützt wurde er dabei vom *comes palatii* oder *camerarius* (Pfalzgraf oder Kämmerer), der für die Unterbringung des Hofes in den einzelnen Residenzen und Pfalzen sorgen musste, und vom *comes stabuli* (Marschall), der sich um den Pferdestall des Königs und das gesamte Transportwesen des Hofes zu kümmern hatte. Der *thesaurarius* (auch *cubicularius* genannt) war, wie der Name schon sagt, für den königlichen Schatz verantwortlich. Schließlich ist noch der *referendarius* zu erwähnen, der das Königssiegel verwahrte und der oberste Beamte der Königskanzlei war, zuständig für die Ausfertigung von Urkunden und die Finanzverwaltung. Er wurde von den sogenannten *cancellarii* unterstützt.

Für das Gefolge des Königs findet sich im fränkischen Recht die Bezeichnung Antrustionen. Dies waren ursprünglich nur

Franken der Oberschicht, die einen berittenen Trupp bildeten, der den König und seine Familie auf den Reisen schützen sollte.

Daneben gab es natürlich die einfachen Bediensteten und Handwerker wie Köche, Münzmeister oder Goldschmiede und auch die Ärzte, die in der Merowingerzeit kein besonders hohes Ansehen genossen und oft Unfreie waren wie die anderen eben erwähnten Dienstboten.

Die Finanzierung des Staates Der König hatte aber nicht nur für den Unterhalt der Krieger und des Hofstaates zu sorgen, sondern auch für die lokale Verwaltung des Reiches. Alles musste aus dem Vermögen des Staates, dem sogenannten *fiscus* (= Geldkorb, Kasse) finanziert werden. Dies bestand nicht nur aus dem Königsschatz, sondern auch aus dem Fiskalland, dem Königsgut, das sich aus Ländereien, Höfen, Jagdgebieten und Palästen zusammensetzte. Außerdem standen dem König verschiedene Steuern zu, die in Geld, Naturalien oder Dienstleistungen zu entrichten waren. Der König hatte im Übrigen das Recht, neue Steuern einzuführen, und erhielt auch immer wieder Sondereinnahmen, etwa wenn jemand mit einer Geldbuße oder sogar der Konfiskation seines Vermögens bestraft wurde. Dies fiel dann an den König, ebenso wie das Hab und Gut eines Romanen, der ohne Erben oder ohne Testament starb. Auch Ämterkäufe dürften nicht geringe Summen in die Kasse des Königs gespült haben. Kriegsbeute, der *thesaurus* eines besiegten Gegners sowie Tributzahlungen der unterworfenen Bevölkerung waren weitere wichtige Einnahmequellen des Merowingerkönigs sowie gelegentlich auch Zahlungen, beispielsweise vom Kaiser in Byzanz, für geleistete Waffenhilfe.

Somit war das Vermögen des merowingischen Königs zwar einerseits ständiger Erosion ausgesetzt durch die Aufwendungen für Hof, Verwaltung und Kriegführung sowie für Schenkungen und Privilegien zugunsten seiner Anhänger und der Kirchen, andererseits flossen aber auch immer wieder neue Mittel aus den eben geschilderten Einnahmequellen nach.

Mit der zunehmenden Macht der Hausmeier ging auf sie auch der Zugriff auf das Staatsvermögen in den einzelnen Teilreichen über; hinzu kam, dass die Randgebiete des Merowingerreiches der Zentralgewalt entglitten, was den Zugriff auf das Staatsvermögen erschwerte. Dadurch verringerte sich das Vermögen des merowingischen Königs, das eine zentrale Grundlage seiner Macht war, im Laufe der Zeit mehr und mehr. In dieser Entwicklung hat die Forschung einen wesentlichen Grund für den Niedergang des merowingischen Königtums und die Absetzung des letzten Königs gesehen. Einhards Beschreibung des letzten Merowingerkönigs zu Beginn seiner Vita Karls des Großen und die Behauptung, dieser habe nur noch über ein Landgut und einige Bedienstete verfügt, ist ja darauf zurückzuführen, dass die karolingischen Hausmeier nach und nach das Vermögen des merowingischen Königs usurpiert und ihn so von seiner Machtgrundlage abgeschnitten hatten: Als der König keine Schenkungen, Privilegien, Immunitätsverleihungen und andere Gunsterweise mehr erteilen konnte, war er für die Untertanen machtlos geworden. Genau wie die Schicht der Senatoren im Römischen Reich waren die Franken der Oberschicht im Merowingerreich nämlich nicht steuerpflichtig, da der König sie für seine Kriegführung brauchte. Ihre Gunst musste er sich also durch andere Privilegien sichern, wozu er am Ende der Merowingerzeit nicht mehr imstande war.

Die königlichen Beamten und die Steuereintreibung Außer den Inhabern der Hofämter und den am Hof Bediensteten wurden für die Verwaltung des Reiches natürlich auch regionale Beamte benötigt, die für die Verwaltung der einzelnen Städte, das Einziehen der Steuern sowie für das Gerichts- und Polizeiwesen zuständig waren. Es gibt Schätzungen, dass Anfang des 6. Jahrhunderts ungefähr 3000 Beamte im Merowingerreich tätig waren. Die detailreichsten Informationen liefert einmal wieder das Werk Gregors von Tours, während für das 7. Jahrhundert nur wenige Quellenbelege vorhanden sind. Hinsichtlich der Verwaltung und insbesondere der Besteuerung haben die Merowinger vieles von den Römern übernommen, nicht nur die Schriftlichkeit. So wie das Römische Reich eine städtisch geprägte Gesellschaft hervorgebracht hatte, wurde auch das Merowingerreich von den Städten her organisiert: In jeder Stadt residierte ein Statthalter, der *comes civitatis*, der umfassende Kompetenzen in Heer, Verwaltung und Gerichtswesen hatte. Für das die Stadt umgebende Umland hatte er mehrere Stellvertreter, die *vicarii*. Gregor von Tours spricht von insgesamt 48 *comites*, die aber nicht nur aus der Oberschicht kamen, sondern teilweise auch aus den unteren Schichten aufgestiegen waren. Diese Grafen erhielten als Bezahlung Fiskalland, das sie nutzen konnten und das nach ihrem Ausscheiden aus dem Amt an den König zurückfiel. Die Steuereintreiber, die *telonarii*, konnten als Vergütung ihrer Dienste einen Teil der im Auftrag des Königs eingenommenen Steuern und Zölle behalten. An Steuern gab es das *iugum*, eine Steuer auf Landbesitz, und das *caput*, eine Kopfsteuer auf die zum Erwerb des Lebensunterhalts eingesetzten Arbeitskräfte: So wurde das Land, das jemand besaß, besteuert, und zwar sogar differenziert nach der Qualität des Bodens, und für die Unfreien, die ein Herr besaß, musste er eine Kopfsteuer entrichten. Unklar ist, wie die Steuerpflicht von Handwerkern, Kaufleuten oder Geldverleihern bemessen wurde. Grundlage für die Steuereintreibung waren die sogenannten Steuerrollen oder Steuerlisten (*descriptiones*) in den einzelnen Städten. Sie hätten eigentlich immer wieder aktualisiert werden müssen, wenn beispielsweise ein steuerpflichtiger Landbesitzer starb und seine Witwe die Steuern nicht aufbringen konnte, beispielsweise weil sie gar nicht alles geerbt hatte, nachdem der Verstorbene auch der Kirche Teile seines Besitzes vermacht hatte. Diese Aktualisierung unterblieb aber oft. Da der Steuereintreiber jedoch dem König die aus den Steuerrollen zu ersehenden Einnahmen zu garantieren hatte, kam es wiederholt zu Protesten und Übergriffen der Bevölkerung gegen bzw. auf die Steuereintreiber wegen zu hoher Steuern oder auch wegen Sondersteuern, die der König bei Bedarf zusätzlich einführen durfte.

Als eine Art Polizei fungierte in solchen Fällen der sogenannte *dux* (Herzog), der neben dem *comes* (Graf) die oberste Verwaltungsinstanz in den Städten repräsentierte. Genau wie der *comes* war er vermögend und bewarb sich beim König für das Amt, was nicht ohne finanzielle Gegenleistung seinerseits vonstatten ging. Die Amtszeit von *comes* und *dux* endete mit deren Ausscheiden aus dem Amt oder aber mit dem Tod des Königs.

Insgesamt zeigen die Quellen, dass die Steuerlast als drückend empfunden wurde, auch wenn die freien Franken von der Kopfsteuer befreit waren. Wir wissen beispielsweise, dass neben den genannten Steuern weitere Abgaben zu entrichten waren wie ein Schweinezehnt oder Weide- und Ackergelder. Nicht einmal die Kirchen waren von den oft beträchtlichen Steuern und Zöllen – etwa für die Einfuhr von Weihrauch aus dem Orient – befreit, und Mitte des 6. Jahrhunderts hatten sie im Teilreich König Gunthrams ein Drittel ihrer Einkünfte an den König zu zahlen. Termin für die Entrichtung der Steuern war der 1. März eines jeden Jahres.

Die Rechtsprechung und das Rechtsleben In der Merowingerzeit gab es drei Arten von Gerichten. Dies hängt nicht zuletzt damit zusammen, dass die merowingische Gesellschaft von rechtlicher und sozialer Ungleichheit geprägt war. Das Königsgericht war den Mitgliedern der Oberschicht vorbehalten, während für die anderen Schichten das Gericht des *vicarius* oder das des *comes* zuständig war. Im Comitatsgericht saßen die vornehmen Bürger der Stadt sowie die Kleriker und der Bischof. Verhandelt werden konnte über jedes Vergehen, selbst über Mord und Totschlag, nicht aber über Landes- und Hochverrat, denn das wurde immer vor dem Königsgericht verhandelt. Vergehen der königlichen Beamten wie Veruntreuung von Vermögen galten als Hochverrat. Auf dieses Vergehen stand die Todesstrafe verbunden mit der Konfiskation des gesamten Vermögens. Da die Quellen vorzugsweise über Spektakuläres berichten, kennen wir eigentlich nur den Ablauf von Prozessen, wenn sie vor dem Gericht des Königs stattfanden, etwas genauer.

Für eine Klageerhebung bei diesem Gericht galt eine Frist von drei Tagen. Auf die Klageerhebung folgte die Beweisaufnahme, wo Folter ein weit verbreitetes Mittel war, um ein Geständnis zu erlangen. Schläge, Zufügung von Brandwunden und Verstümmelung waren die häufigsten Foltermethoden, wie Gregor von Tours berichtet. Auch die Geistlichen niedriger Weihegrade waren von der Tortur nicht ausgenommen. Die Beweisaufnahme konnte aber auch ersetzt werden durch einen sogenannten Reinigungseid, mit dem der Beschuldigte seine Unschuld erklärte, oder durch ein Gottesurteil in Form des Kesselfangs oder der Aschenprobe: Der Beschuldigte oder eine von diesem bestimmte Person musste entweder einen Ring aus einem Kessel mit heißem Öl holen oder glühende Kohle unter das Gewand nehmen und eine bestimmte Strecke damit zurücklegen. Blieb die Hand unverletzt bzw. das Gewand unbeschädigt, so galt die Unschuld des Angeklagten als erwiesen.

Auf Diebstahl und Raub stand die Todesstrafe, auch bei Ersttätern, die in der Regel wohl gleich vom Grafen verurteilt und hingerichtet wurden. Auch die Flucht von Unfreien aus dem Dienst wurde hart bestraft, zwar nicht immer mit dem Tod, denn damit hätte der Herr sich ja seiner Arbeitskraft beraubt, wohl aber mit drakonischen Strafen wie etwa dem Abschneiden eines Ohrs.

In der Flucht ins Kirchenasyl, das einen geschützten Raum darstellte oder besser gesagt darstellen sollte, sahen manche ihre einzige Hoffnung. Die Quellen berichten jedoch wiederholt davon, dass diese Zuflucht nicht respektiert wurde, indem die königlichen Beamten oder sogar die Könige selbst den Geflüchteten entweder mit einem Trick aus der Kirche lockten oder sogar gewaltsam in die Kirche eindrangen, um ihn herauszuholen.

Das merowingische Rechtsverständnis scheint unserem Rechtsempfinden sehr fremd. Zu seinen verstörenden Elementen gehören nicht nur die Anwendung von Folter zur Erzwingung von Geständnissen und die brutalen Körperstrafen für Vergehen und Verbrechen, sondern auch die völlige Immunität – strafrechtliche Unverantwortlichkeit – des Königs, der Mordaufträge vergeben oder selbst töten konnte, ohne dass dies, selbst bei Ermordung seiner Ehefrau oder anderer Verwandter, juristische Konsequenzen gehabt hätte.

In diesem Zusammenhang soll auch noch einmal eigens die im Merowingerreich weit verbreitete Sitte der Selbstjustiz erwähnt werden, die uns bereits im Fall von Königin Brunichild († 613) und ihrer vom königlichen Gemahl ermordeten Schwester Galswinth († 570/71) begegnet ist – nämlich die Blutrache. Dieser Art der Konfliktbereinigung fielen mitunter nicht nur Familienangehörige zum Opfer, sondern auch deren jeweiliges Hausgesinde, wenn ein Adeliger für getötete Angehörige an der gegnerischen Sippe Rache nahm. Da dies zu einem verhängnisvollen Kreislauf von Mord, Blutrache und erneuter Blutrache führen konnte, versuchten die Könige sie zu unterbinden, indem für Totschlag oder Mord ein sogenanntes Wergeld eingeführt wurde, eine je nach Schicht oder Stellung des Getöteten hohe Geldzahlung, die vom Mörder oder Totschläger an die Sippe des Opfers zu leisten war. Diese Rechtsregel war auch im fränkischen Volksrecht, der *Lex Salica*, schriftlich niedergelegt. Zudem war die Kirche bestrebt, der blutigen Praxis der Selbstjustiz Einhalt zu gebieten, doch scheiterten die Bemühungen von Kirche und König wohl öfter an den Ehrvorstellungen und kriegerischen Ambitionen der Oberschicht der tendenziell stets gewaltbereiten Gesellschaft.

2. Die merowingischen Königinnen und Königstöchter

Die Quellenlage Während wir über die Königinnen der anderen frühmittelalterlichen Reiche vor der Karolingerzeit wenig wissen, ist das bei den Merowingerinnen anders. Ein wesentlicher Grund dafür dürfte sein, dass es in der fast dreihundertjährigen Geschichte dieser Herrscherfamilie insgesamt sieben Mal zu Regentschaften von Königinnen für ihre minderjährigen Söhne oder Enkel kam. Außerdem interessierten sich die merowingerzeitlichen Geschichtsschreiber mehr für die Königinnen als die der anderen oft kurzlebigen Reiche der Völkerwanderungszeit: Gregor von Tours hat bewusst die Geschichte der Könige und der Königinnen des 6. Jahrhunderts in den Mittelpunkt seiner umfangreichen Frankengeschichte gestellt, und seine Zuneigung oder Abneigung gegenüber einzelnen Königinnen beruhte in einigen Fällen auf persönlicher Bekanntschaft – man denke nur an jenen Prozess, in den die neustrische Königin Fredegunde ihn verwickelt hat.

Königin Chrodechilde teilt im Jahr 511 das Frankenreich unter die vier Söhne Chlodwigs I. auf (Grandes chroniques de France).

Der Autor des zweiten großen Geschichtswerkes, der sogenannte Fredegar, hatte möglicherweise – so eine plausible neuere These – eine grundsätzliche Abneigung gegen die Regierungsbeteiligung und Regentschaft von Königinnen und folglich sein Opus zur Warnung für die Regentin Chimnechilde geschrieben, weshalb auch in dieser Quelle die Königinnen häufig erwähnt werden. Das Bild, das die verschiedenen Historiographen von den Königinnen zeichnen, ist oft noch subjektiver als das von den Königen: Gregor von Tours bewunderte Königin Brunichild und hasste Fredegunde; bei der Autorin des *Liber Historiae Francorum* ist es genau umgekehrt. Königin Balthild wird in der Vita des heiligen Eligius als äußerst machtbewusst dargestellt, in der Vita Wilfrieds von York sogar als grausam und skrupellos, während ihre eigene Vita sie als demütige und fromme Königin zeigt, die nur für das Wohl der Kirche gewirkt habe. Erst in den letzten Jahren wurde festgestellt, dass die Angabe ihrer Vita, der zufolge Balthild von niederer Herkunft gewesen sei, gar nicht stimmen kann; sie war vielmehr von königlicher Abstammung.

Monogamie, Polygamie und Konkubinat Dank der großen ‹Frauenbegeisterung› merowingischer Könige wissen wir von einer beachtlichen Zahl von Königinnen und königlichen Konkubinen – nämlich von nicht weniger als 42 Frauen. Einzelne Könige des 6. Jahrhunderts pflegten ein buntes Nebeneinander von Ehe und Konkubinat und auch Polygamie – ‹Spitzenreiter› war Chlothar I. (511–561), der jüngste Sohnes des Reichsgründers Chlodwig, der mehrere Ehefrauen nebeneinander und mehrere Konkubinen hatte.

Im Laufe des 7. Jahrhunderts gerieten im Zuge fortschreitender Christianisierung verbunden mit einem immer größeren Einfluss der Kirche sowohl Polygamie als auch Konkubinat in die Kritik. Während seit der zweiten Hälfte des 7. Jahrhunderts Polygamie in den Quellen nicht mehr begegnet, gab es königliche Konkubinate noch in der Karolingerzeit. Möglicherweise hatten auch die merowingischen Schattenkönige nach Theuderich III. (675–690/91) nur noch Konkubinen als Mütter ihrer Söhne, da wir nach Theuderichs Gemahlin Chrodechilde von keiner königlichen Ehefrau in den Quellen mehr hören.

Immerhin dürfte die Tatsache, dass die Söhne aus polygamen Ehen und Konkubinaten der Merowingerkönige als Nachfolger anerkannt wurden, dazu beigetragen haben, dass die Nachkommen Childerichs I. im Unterschied zu allen anderen Germanenreichen fast 300 Jahre lang die Erbfolge in männlicher Linie weitergeben konnten und auch am Ende nicht ausgestorben waren, sondern aus der Herrschaft gedrängt wurden.

Im Unterschied zu den anderen Germanenkönigen schlossen die Merowinger viel seltener Ehen über ihre Landesgrenzen hinweg, und das auch nur im 6. Jahrhundert. Die Heirat der westgotischen Prinzessin Galswinth mit Chilperich I., die bekanntermaßen mit einem Gattinnenmord endete, war die letzte.

Auch wenn es in den Quellen kaum thematisiert wird, war doch die Frage der Religion in diesem Kontext von einiger Bedeutung, denn die meisten anderen Germanenkönige und ihre Verwandten waren arianische Christen, während sich die Merowinger seit Chlodwig I. zur katholischen Konfession ihrer romanischen Untertanen bekannten. Offenbar wurde erwartet, dass die Ehefrau das Glaubensbekenntnis ihres Mannes annahm, denn Gregor von Tours berichtet ausdrücklich und höchst wohlwollend, dass die westgotische Prinzessin Brunichild vor ihrer Heirat mit Sigebert I. (561–575) katholische Christin wurde, während er zuvor die Eheschließung von Chlodwigs Schwester Audofleda mit Theoderich dem Großen verschwieg, obwohl der Heiratsantrag des damals mächtigeren Ostgotenkönigs eine große Anerkennung für den aufstrebenden Chlodwig darstellte. Aber Audofleda war wohl bei ihrer Eheschließung arianische Christin geworden, was Gregor zutiefst missbilligte.

Bildung und Vermögen Sehr unterschiedlich dürfte der Bildungsgrad und auch die Vermögenssituation der einzelnen Königinnen gewesen sein – je nachdem, ob sie von Adel waren oder aus dem Gesinde stammten. Bei den beiden großen Rivalinnen Brunichild und Fredegunde ist dies bereits zu vermuten: Gregor von Tours betont ausdrücklich die hohe Bildung der westgotischen Prinzessin Brunichild, von der wir sowohl Briefe besitzen, die sie an die Kaiserin in Byzanz verfasste, als auch Schreiben Papst Gregors des Großen (590–604) an Brunichild. Außerdem erzählt der Bischof, mit welch großer Mitgift sie im Frankenreich eintraf, während er andererseits immer wieder beschreibt, wie die aus dem Gesinde des Königs stammende Fredegunde versuchte, Schätze für sich und ihre Kinder zusammenzuraffen und damit nachgerade in der Art von Neureichen zu prahlen. Jedenfalls lässt sich daraus schließen, dass die Königinnen und vielleicht auch die königlichen Konkubinen, sicher aber die Königssöhne und Königstöchter über ein eigenes Vermögen verfügten und nach dem Tod des Königs auch Anspruch auf einen Anteil aus dem Königsschatz hatten: Das Vermögen Dagoberts I.

(† 639) wurde nach seinem Tod zwischen seinen beiden Söhnen und seiner Witwe Nanthild unter Aufsicht in drei Teile geteilt, und Fredegunde soll nach dem Tod ihrer kleinen Söhne deren Schatz an kostbaren Stoffen, Gewändern und anderen Dingen aus Kummer verbrannt haben.

Der Hofstaat der Königin Die Königinnen verfügten auch über einen eigenen Hofstaat, wie wir aus einzelnen namentlich bekannten Inhabern von Ämtern im Dienst der Königinnen schließen können: Bobolenus, *referendarius* der Königin Fredegunde, oder Florentianus, Hausmeier der Königin Brunichild, werden in den Quellen erwähnt. Dass es tödlich enden konnte, wenn man der Königin den Dienst verweigerte, berichtet wieder einmal Gregor von Tours: Nach der Ermordung Chilperichs I. (584) forderte dessen Witwe Fredegunde den Schatzmeister des Königs namens Eberulf auf, das Amt unter ihrer Regentschaft weiterzuführen. Als dieser sich weigerte, ließ die Königin verbreiten, Eberulf habe Teile des Königsschatzes veruntreut und dann den König ermordet. Daraufhin half König Gunthram seiner Schwägerin, den Schatzmeister, der noch versuchte, ins Kirchenasyl zu flüchten, zu töten.

Vorbild für den Hofstaat der merowingischen Königin dürfte jener der byzantinischen Kaiserin gewesen sein, denn auch in anderen frühmittelalterlichen Reichen der Völkerwanderungszeit war der kaiserliche Hof in Konstantinopel das bewunderte Vorbild, das man in mancherlei Hinsicht zu imitieren suchte.

Dass die Königinnen einen eigenen Kanzleibeamten benötigten und auch einen Hausmeier, leuchtet ein, wenn man weiß, dass sie im eigenen Namen Rechtsgeschäfte tätigen konnten – also Schenkungen, Verleihung von Privilegien oder Gütertausch urkundlich verbrieften und zudem aus ihrem Vermögen Kirchen und Klöster gründeten und ausstatteten.

Damit war ihre Stellung viel eigenständiger als dann in der Karolingerzeit: In der Zeit Karls des Großen und seiner Nachfolger gab es keinen eigenen Hofstaat der Königin mehr, keine vom König unabhängige Verfügungsgewalt über Vermögen und erst recht keine Regentschaft von Königinnen. Erst in der Zeit der Ottonen im 10. Jahrhundert verbesserte sich die Position der Königinnen wieder.

Regentschaft und politischer Einfluss Dank der guten Quellenlage können wir für die Merowingerzeit konstatieren, dass es offenbar immer dann zu einer Regentschaft der nächsten weiblichen Verwandten, d. h. der Mutter oder Großmutter kam, wenn der König starb und nur einen minderjährigen Sohn hinterließ. Dabei spielte es keine Rolle, ob die Königin ihrer Herkunft nach aus dem Gesinde stammte wie Fredegunde und Nanthild oder adeliger Herkunft war wie Brunichild. Ein männlicher Verwandter ist im merowingischen Frankenreich nie Regent für einen minderjährigen König geworden, wie dies in anderen frühmittelalterlichen Reichen vorkam. Lediglich die Hausmeier waren wiederholt an der Regentschaft beteiligt.

War der König dann volljährig, konnte es sein, dass die Königinmutter dennoch weiter politischen Einfluss ausübte wie Brunichild oder aber sie zog sich mehr oder weniger freiwillig von der Politik zurück wie Chrodechilde im 6. und Balthild im 7. Jahrhundert.

Kehrseite des großen politischen Einflusses der Königinnen war das größere Risiko der Merowingerköniginnen, ermordet zu werden. Mehrere Beispiele wurden bereits erwähnt wie etwa das der 613 von Chlothar II. grausam gefolterten und dann hingerichteten Brunichild oder jenes der schwangeren Bilichild (der Jüngeren), die 675 zusammen mit Sohn und Ehemann von Adeligen getötet wurde. Zu erwähnen ist in diesem Zusammenhang ferner die Königin Audovera, eine weitere Gemahlin Chilperichs I., die 580 zusammen mit ihren Söhnen von ihrer ‹Nachfolgerin› Fredegunde umgebracht wurde. Außerdem ist bekannt, dass König Gunthram ein Komplott aufdeckte, das die Beseitigung Childeberts II. sowie seiner Mutter Brunichild und seiner Gattin Faileuba zum Ziel hatte, weil deren Einfluss von einigen Adeligen als schädlich angesehen wurde.

Im Fall der von ihren königlichen Ehemännern getöteten Königinnen Galswinth und Bilichild (der Älteren) ist an die Auffassung zu erinnern, dass der König Herr über Leben und Tod seiner Untertanen war, also auch über das seiner Ehefrauen. Jedenfalls wird immer wieder deutlich, dass die Frau in der Merowingerzeit größere Rechte besaß als später, dafür aber auch nicht als per se schwach und schutzbedürftig angesehen wurde. Wir haben Quellenstellen, die belegen, dass adelige und königliche Frauen physische Gewalt ausübten bis hin zu Folter und Mord; andererseits gibt es eine Reihe von Beispielen, in denen Frauen Gewalttaten zum Opfer fielen. In der Gewaltausübung gab es in der Merowingerzeit – zumindest im Hinblick auf die Spitze der Gesellschaft – noch keinen Unterschied zwischen Mann und Frau.

So gilt auch für die Königinnen, was wir schon für die Könige festgestellt haben, dass auch eine mitunter als grausam geschilderte Merowingerkönigin eine fromme Kloster- und Kirchengründerin sein konnte. Brunichild ist in diesem Kontext vor allem zu nennen, die mit zahlreichen Schenkungen an Kirchen sowie mehreren Gründungen in der Stadt Autun hervortrat, wo sie begraben werden wollte, was schließlich auch geschah. Schon von der ersten Königin Chrodechilde ist bekannt, dass sie mehrere Klöster und Kirchen erbauen ließ, und die heilige Radegunde gründete in Poitiers neben dem berühmten Frauenkloster zudem ein Männerkloster. Königin Balthild im 7. Jahrhundert zog sich am Ende ihrer Regentschaft ins Kloster Chelles zurück, dessen verehrte Förderin sie war. Sie hatte außerdem in ihrer aktiven politischen Zeit die großen Reichsabteien dadurch enorm begünstigt, dass sie ihnen Immunität verlieh, also die finanzielle und jurisdiktionelle Abhängigkeit vom Diözesanbischof beendete.

Die Königstöchter Genau wie die Königinnen wurden die Königstöchter als *reginae*, als Königinnen, bezeichnet. Bei ihrer Namenswahl spielten die Vornamen der Königinnen – von Chrodechilde, der Gemahlin Chlodwigs I. abgesehen – keine Rolle, sondern nur der Name des Vaters, der die Anfangssilbe der zusammengesetzten Vornamen bildete.

Dass die Königstöchter ein eigenes Vermögen, einen ‹Prinzessinnenschatz› besaßen, wurde bereits erwähnt. Wir kennen auch die Namen einzelner Hofbeamten von Prinzessinnen und können daher konstatieren, dass in der Merowingerzeit noch möglich war, was in der Karolingerzeit nicht mehr geduldet wurde, nämlich dass eine unverheiratete Prinzessin einen eigenen Haushalt führte und auf einem Landgut lebte, falls sie sich nicht dauerhaft am Königshof aufhielt. Im 8. und 9. Jahrhundert mussten sich die unverheirateten Königstöchter ins Kloster zurückziehen, auch wenn sie dort nicht immer als Nonnen eintraten, sondern das sogenannte ‹Apanagekloster› ihrer materiellen Versorgung diente.

Zu einer Zwangseinweisung merowingischer Königstöchter ins Kloster kam es nur drei Mal im Laufe der über 300jährigen Geschichte: Als die drei Söhne Chlothars I. 567 das Reich ihres ohne männlichen Nachkommen verstorbenen Bruders Charibert I. liquidierten, wollten sie offenbar auch den Königsschatz allein unter sich aufteilen und zwangen deshalb die beiden Töchter Chariberts, Berthefled und Chrodechilde, sowie dessen letzte Ehefrau in verschiedene Klöster einzutreten. 580 ließ Königin Fredegunde die Tochter ihrer Vorgängerin Audovera namens Basina im Kloster der heiligen Radegunde verschwinden, wo Chrodechilde bereits lebte. Fredegunde beabsichtigte mit diesem Schritt vermutlich, Basinas Vermögen ihrer eigenen Tochter Rigunth zukommen zu lassen und deren Stellung am Hof zu verbessern, da sie dann die einzige Königstochter war.

589, zwei Jahre nach dem Tod der heiligen Radegunde, kam es dann zu dem berühmten, durch Gregor von Tours ausgiebig geschilderten sogenannten ‹Nonnenaufstand von Poitiers›, der angeführt wurde von zwei der drei zwangsweise ins Kloster verbannten Königstöchter, nämlich Chrodechilde und Basina. Die dritte, Berthefled, verließ im gleichen Jahr eigenmächtig ihr Kloster und zog sich auf ein Landgut zurück. Die Bischöfe, allen voran Gregor von Tours, waren über das Verhalten der drei Prinzessinnen empört und wollten es nicht dulden, zumal Chrodechilde und Basina ungefähr 40 junge, aus dem Adel des Merowingerreiches stammende Nonnen dazu bewogen hatten, ebenfalls das Kloster zu verlassen und zum Königshof zu ziehen. König Childebert II. (575–596) gestattete Chrodechilde schließlich, das Kloster endgültig zu verlassen, und schenkte ihr ein Landgut, auf dem sie leben konnte. Auch andere junge Nonnen kehrten nicht nach Poitiers zurück, sondern verließen endgültig das Kloster. Nur Basina entschloss sich schließlich als Einzige der drei, nach Sainte-Radegonde in Poitiers zurückzukehren.

Eheschließungen mit anderen Königen oder Königssöhnen kamen bei den Königstöchtern häufiger vor als bei den Königen selbst: Die Ehe zwischen Audofleda, der Tochter Childerichs I. und Schwester Chlodwigs I., mit dem Ostgotenkönig Theoderich dem Großen wurde bereits erwähnt. Auch bei den auswärtigen Ehen der Königstöchter spielte die Konfession – so behauptet es jedenfalls Gregor von Tours – eine entscheidende Rolle: Weder Chlodechilde, die Tochter Chlodwigs I., war bereit, anlässlich ihrer Heirat mit dem arianischen Westgotenkönig Amalarich zum Arianismus zu konvertieren, noch Ingunde, die Tochter der zur katholischen Konfession übergetretenen Brunichild, bei ihrer Eheschließung mit dem westgotischen Königssohn Hermenegild. Beide Ehen endeten unglücklich. Weitere Heiratsprojekte für Merowingerprinzessinnen mit westgotischen, ostgotischen oder langobardischen Königen wurden letztlich nicht realisiert.

Von Bedeutung war nur die zwischen 561 und 580 geschlossene Ehe der merowingischen Prinzessin Berta, einer weiteren Tochter Chariberts I., mit König Aethelbert von Kent, da durch sie das Christentum nach England gebracht wurde.

Ob es Anfang des 7. Jahrhunderts nochmals zur Eheschließung einer merowingischen Prinzessin mit einem englischen König gekommen ist, lässt sich aus den Quellen nicht eindeutig erkennen, so dass Bertas Ehe möglicherweise die letzte auswärtige Verbindung war.

In dieser Hinsicht verhielten sich die merowingischen Könige ähnlich wie später die karolingischen Herrscher: Es gab zwar einige auswärtige Heiratsprojekte für die karolingischen Töchter, sie kamen aber nicht zustande. Offenbar hatten weder die merowingischen noch die karolingischen Könige das Gefühl, ihre Herrschaft und das Reich durch solche Verbindungen stabilisieren zu müssen – vielleicht zu Recht, denn der Ostgotenkönig Theoderich der Große hat trotz seiner zahlreichen Heiratsbündnisse, für die er seine Töchter, seine Schwester und auch sich selbst ‹einsetzte›, den Verfall seines Reiches nicht verhindern können.

3. Die Gesellschaft des Merowingerreiches

Die Bevölkerung des Merowingerreiches bestand vermutlich aus ca. 200 000 fränkischen Siedlern und 6 bis 7 Millionen Gallorömern. Während sich die Franken südlich der Loire gar nicht ansiedelten, sondern dort nur mittelbar Herrschaft ausübten, dominierten sie als Bevölkerung im Osten des Reichs und im Gebiet der heutigen Niederlande sowie Flanderns. In einem Raum zwischen den Flüssen Somme und Maas bis hin zur Seine und zur Marne stellten eindeutig die Romanen die Bevölkerungsmehrheit.

Zu den Charakteristika der merowingischen Gesellschaft zählen die rechtliche und die soziale Ungleichheit, denn es gab drei Klassen: die der Freien, die der Halbfreien und die der Unfreien. In den jeweiligen Stand wurde man hineingeboren, man konnte aber aufsteigen, allerdings auch absteigen.

Die Franken lebten nach ihrem Volksrecht, der *Lex Salica*, genau wie die anderen Völker im Frankenreich nach ihrem jeweiligen Recht lebten und gerichtet wurden. Es gab also nicht ein Recht für alle, wie es für uns selbstverständlich ist.

Die *Lex Salica* spiegelt die großen rechtlichen Unterschiede in der fränkischen Gesellschaft wider. Sie zeigen sich am deutlichsten beim sogenannten Wergeld, also jener Summe, die für einen getöteten Mann oder eine getötete Frau gezahlt werden musste. Dabei wird erkennbar, welch unterschiedlichen ‹Wert› der Einzelne für die Gesellschaft und die Familie hatte. Für die Tötung eines Unfreien musste der Totschläger dessen Besitzer 45 Schillinge zahlen, für einen Halbfreien waren es 100, und die Tötung eines freien Franken wurde mit 200 Schillingen geahndet, die an dessen Familie zu übergeben waren. Noch höher war das Wergeld für eine freie Frau im gebärfähigen Alter, es betrug nämlich 600 Schillinge, während für die Tötung eines Mäd-

Spangenhelm des Herrn von Krefeld-Gellepp, der zur Zeit Chlodwigs I. oder seiner Söhne an den Niederrhein kam. Der vergoldete Helm ist 18 cm hoch und besteht aus Eisen mit Bronze.

chens, das noch nicht im gebärfähigen Alter war, oder für die Tötung einer Frau, die keine Kinder mehr bekommen konnte, 200 Schillinge angesetzt wurden.

Interessanterweise kommt in der *Lex Salica* in der Auflistung des Wergeldes weder der König vor, obwohl der Königsmord in dieser Epoche nicht selten war, noch der Adel! Es findet sich lediglich die Angabe, dass für die Tötung von Leuten im Königsdienst das dreifache Freien-Wergeld, also 600 Schillinge, fällig wurde.

Oft überstieg die zu erlegende Summe das Vermögen des Täters. Dann blieben ihm nur zwei Möglichkeiten: Entweder musste er einen Verwandten finden, der bereit war, Teile der Bußsumme zu übernehmen, oder er konnte sich selbst vertraglich zum Sklaven des Geschädigten machen.

Dem König standen dagegen zahlreiche Gelder zu, so etwa das Wergeld für einen erschlagenen Reisenden, da dieser grundsätzlich unter Königsschutz reiste. Auch Verstöße wie die ohne Zustimmung der Verwandtschaft erfolgte Heirat einer Witwe wurden mit Geldbußen geahndet, die an den König zu zahlen waren.

Auf die rechtliche Ungleichheit zwischen den freien Franken und den Römern im Merowingerreich verweist die Bestimmung, dass das Vermögen eines ohne Testament verstorbenen Römers an den König fiel, nicht aber das eines freien Franken. Einzelne Merowingerkönige wie Chilperich I. (561–584) haben sich auch zusätzliche Einkünfte dadurch verschafft, dass sie Testamente, die zugunsten der Kirche gemacht worden waren, nicht anerkannten, sondern das betreffende Vermögen für sich beanspruchten.

Um die Sozialstruktur des Merowingerreiches deutlicher herausarbeiten zu können, bedarf es aber auch immer wieder der Auswertung archäologischer Funde. Im fränkischen Recht wird nämlich kein Adel als eigener Stand erwähnt, sondern es ist nur von Freien die Rede. Untersuchungen zahlreicher Gräberfelder legen jedoch den Schluss nahe, dass es durchaus einen merowingischen Adel gegeben hat, denn man hat zentrale Grabstätten entdeckt, auf welche die anderen Gräber ausgerichtet waren. Diese zentralen Gräber unterschieden sich außerdem durch besonders kostbare und reichhaltige Beigaben von den anderen Gräbern.

Die Oberschicht Kennzeichnend für die Oberschicht des merowingischen Frankenreiches war, dass ihre Angehörigen reich und von der Steuer befreit waren. Außerdem war ihr Gerichtsstand das Königsgericht. Zur Oberschicht gehörten nicht nur freie Franken, sondern auch Romanen und Burgunder. Gregor von Tours gehörte zur Oberschicht, weil er aus einer Familie des gallischen Senatorenadels stammte und weil er Bischof war. Dabei hing das eine mit dem anderen eng zusammen, denn zahlreiche kirchliche wie weltliche Ämter in Gallien wurden über Generationen an die Mitglieder ein und derselben Senatorenfamilie weitergegeben. Die Einheirat in das Königshaus konnte einer Familie der Oberschicht zusätzliche Bedeutung verschaffen.

Die Ausübung der Blutrache und die oft mit Grausamkeit betriebenen Fehden waren ausschließlich eine Angelegenheit der Oberschicht. Wurde die Todesstrafe über ein Mitglied der Oberschicht verhängt, so wurde diese in der Regel durch das Schwert und nicht durch den Strick exekutiert, wie man mit Leuten aus den unteren Schichten verfuhr.

Nicht nur die Bischöfe kamen in der Regel aus der Oberschicht, auch die höheren Ämter in der Verwaltung, also das des *comes* und das des *dux*, bekleideten häufig Mitglieder der Oberschicht. Mitunter folgte auf eine weltliche Karriere in der Verwaltung der Stadt eine geistliche als Bischof. Arnulf von Metz bietet dafür das ‹klassische› Beispiel.

Die Mittelschicht Die Mittelschicht des merowingischen Frankenreiches unterlag genau wie die Unterschicht der Kriegsdienst- und der Steuerpflicht. Aber im Unterschied zu dieser verfügte die Mittelschicht über größeren Reichtum, nicht zuletzt an Unfreien, und sie konnte auf die Regierung ihrer *civitas*, ihrer Stadt, Einfluss nehmen. Angehörige der Mittelschicht hatten das Recht, den Bischof zu wählen und stellten Vertreter im Comitatsgericht. Außerdem waren sie dem König treueidpflichtig.

Dank Gregor von Tours wissen wir wieder einmal über die Mittelschicht in Gallien am meisten. Dort lassen sich zwei Gruppen unterscheiden: zum einen die wohlhabenden Mitglieder der Pfarrgemeinden auf dem Land und zum anderen die reichen Eigenkirchenherren, welche die Mitglieder der Stadtregierung stellten und den Bischof, der nach dem Ende des Römerreiches mehr und mehr zum Stadtherren geworden war, unterstützten. An hohen Feiertagen gehörten sie zu seinem Gefolge.

Die Unterschicht Die Unterschicht im Merowingerreich setzte sich zusammen aus armen Freien und rechtlosen Unfreien.

Da sich das Leben der Sklaven unter dem Einfluss der Kirche gegenüber der Antike etwas verbessert hatte, spricht man für das Frühmittelalter lieber von Unfreien oder Hörigen und nicht mehr von Sklaven. Dennoch muss betont werden, dass es auch im frühen Mittelalter brutale Willkür gegen Unfreie gab, deren Leben oft nicht viel zählte. Und auch die Kirchen und Klöster sowie einzelne Geistliche besaßen Unfreie, genau wie der König und seine Familie, seine Beamten und die Mitglieder der Ober- und Mittelschicht.

Die Unfreien waren Eigentum ihres Herrn, der über sie verfügen konnte, wie er wollte, d. h. er konnte sie verkaufen, vererben oder verschenken, aber auch freilassen.

Die Unfreien hatten keinen Gerichtsstand, d. h. sie konnten vor keinem Gericht verklagt werden oder gar selbst klagen. Ein Unfreier oder eine Unfreie durften ohne die Zustimmung des Herrn nicht heiraten und der Herr musste für sie eine Kopfsteuer an den König zahlen.

In den Status des Unfreien wurde man entweder hineingeboren oder man geriet durch äußere Umstände hinein: Wirtschaftliche Not konnte dazu führen oder ein begangenes Verbrechen, für dessen Ausgleich man die Wergeldsumme nicht aufbringen konnte; Kriegsgefangenschaft oder Raub und Verschleppung waren weitere Ursachen für Unfreiheit, aber auch der sogenannte Geiselverfall bei Vertragsbruch.

Umgekehrt konnte man auch durch Freilassung aus dieser Schicht aufsteigen. Dies geschah beispielsweise, wenn der Herr eines Unfreien starb und testamentarisch verfügt hatte, seine Hörigen seien nach seinem Tod freizulassen; solche Fälle waren nicht selten. Oft blieben solche Freigelassenen aber trotzdem bei der Familie ihres verstorbenen Herrn, weil ihnen schlicht die materielle Grundlage in Form von Land, Vieh und Arbeitsgeräten fehlte, um den eigenen Lebensunterhalt zu bestreiten.

Um Kleriker werden zu können, musste man zuvor freigelassen werden, wie durch kirchliche Bestimmungen immer wieder eingeschärft wurde.

Gregor von Tours berichtet wiederholt von äußerst gebildeten Unfreien wie einem Mann namens Andarchius, der aufgrund eines ausgiebigen Studiums Vergil kannte, Rechtskenntnis besaß und gut rechnen konnte. Auch Ärzte waren zunächst oft Unfreie oder wurden dann als Ausdruck der Wertschätzung ihrer medizinischen Fähigkeiten freigelassen und konnten es zu einigem Vermögen bringen.

Zur armen Unterschicht, die dem König Steuern zahlen und

Kriegsdienst leisten musste, gehörten einfache Bauern sowie Händler und Handwerker. Leisteten sie keinen Kriegsdienst, mussten sie Strafgeld zahlen.

Die Angehörigen der armen Unterschicht, waren immer in der Gefahr, in die Unfreiheit abzurutschen: die Bauern, wenn es aufgrund schlechten Wetters zu Missernten kam; die Händler, wenn sie bei einem größeren Handel betrogen worden waren; und die Handwerker, wenn sie durch einen Unfall eine Zeitlang arbeitsunfähig wurden. Oft blieb diesen Leuten dann nichts anderes übrig, als sich in die Abhängigkeit eines Herrn zu begeben, oftmals auch in die Abhängigkeit der Kirche.

Die Kirche hatte zwar die Armenfürsorge übernommen, doch konnte sie oft nicht für alle sorgen. Missgebildete und Behinderte, aber auch Menschen, die aufgrund von Gerichtsurteilen verstümmelt worden waren, hatten es besonders schwer, ihren Lebensunterhalt zu fristen, und wurden oft an einer heiligen Stätte wie etwa Saint-Martin in Tours ausgesetzt, um dort von den Gläubigen Almosen zu erbetteln und sich auf diese Weise durchzubringen.

Die Juden Die Juden nahmen im Merowingerreich eine Sonderrolle ein. Sie lebten wohl nach römischem Recht und waren hauptsächlich als Kaufleute, Schiffseigner und Ärzte tätig. Sie wurden vom König weder zur Teilnahme an Kriegszügen aufgefordert noch fanden sie Verwendung als Amtsträger.

Von vielen gesellschaftlichen Belangen waren sie ausgegrenzt: Es bestand ein Heiratsverbot mit Christen, und diese sollten auch keine Tischgemeinschaft mit Juden halten. Außerdem sollten keine neuen Synagogen gebaut werden.

Da Gregor von Tours selbst eine ziemlich judenfeindliche Haltung einnahm, berichtet er wiederholt von erfolgreichen und erfolglosen Bekehrungsversuchen wie auch von judenfeindlichen Pogromen in Gallien.

Die Stellung der Frau und die Ehe in der Merowingerzeit Die besondere Wertschätzung der freien Frau im gebärfähigen Alter für Familie und Gesellschaft ist an der bereits erwähnten Höhe des Wergeldes, das die *Lex Salica* festlegt, abzulesen – es lag ja deutlich über dem für einen getöteten freien Mann. Rückhalt und Schutz bot der Frau die Familie oder Sippe, und zwar bis zu ihrer Heirat die eigene und nach ihrer Eheschließung die des Mannes. Die Familie wachte auch über die Ehre der Frau, und die verschiedenen Volksrechte, nicht nur die *Lex Salica*, enthalten Bußsummen etwa für die unsittliche Berührung einer Frau oder den Frauenraub. Im Zweifelsfall verteidigte die Sippe auch selbst ihre Ehre, indem sie gegen Leute vorging, die die Ehre eines weiblichen Mitgliedes ihrer Familie verletzt hatten. Die Strafgewalt wurde aber auch gegenüber den eigenen Mitgliedern wahrgenommen, etwa wenn diese sich sexuelle Verfehlungen hatten zuschulden kommen lassen.

Dass es nicht in jedem Fall eine Gleichbehandlung von Männern und Frauen gab, zeigen die Rechtsfolgen im Falle von Ehebruch durch eine verheiratete Frau: Während der Mann nur wegen Treuebruch verfolgt wurde oder sogar straffrei blieb, konnten Frauen zum Tod durch Ertränken verurteilt werden. Bisweilen kam es aber auch zur Blutrache der Sippe an dem am Ehebruch beteiligten Mann, um die Ehre wiederherzustellen.

Ungleich war letztlich auch die Behandlung der Frau im Erbrecht: Der *Lex Salica* zufolge konnte sie nicht erben, sondern nur die Männer der Sippe. Es gibt jedoch eine Reihe von Quellenzeugnissen, die zeigen, dass man diese Bestimmung ignorierte oder umging und sogar auch Grundbesitz an Töchter oder Witwen vererbte.

Benachteiligt wurde eine Frau dann, wenn sie unterhalb ihres Standes heiraten wollte, denn eine freie Frau, die einen Unfreien wählte, verlor ihre Freiheit. Dies konnte nur durch Freilassung des erwählten Mannes umgangen werden, und auch ein Freier konnte eine Unfreie nur nach vorheriger Freilassung heiraten. Dies dürfte nicht zuletzt bei den Merowingerkönigen, die Frauen aus dem Gesinde heirateten, in dieser Weise gehandhabt worden sein. Bei einer Heirat zwischen Unfreien musste, wie schon erwähnt, der Herr die Heiratserlaubnis geben.

Das Heiratsalter von Männern lag in der Merowingerzeit vermutlich niedriger als in der Spätantike, wie sich aus Grabinschriften schließen lässt. Es sank bei Männern von 30 Jahren auf 22 bis 25 Jahre, während es bei Frauen konstant bei 15 bis 18 Jahren blieb. Es scheint so, als wäre das Heiratsalter bei den Merowingerkönigen mitunter niedriger gewesen und habe mit dem Mündigkeitsalter von 14 bis 15 Jahren übereingestimmt. Die spätmerowingischen Könige müssen unter 20 Jahren gewesen sein, als sie ihre Söhne zeugten.

Eine Eheschließung setzte bei Freien die Erlaubnis der Brauteltern voraus, bei Unfreien die des Herrn. Es gab wohl eine Art von Verlobung, bei der der Bräutigam an die Brauteltern eine symbolische Zahlung leistete oder ihnen einen Ring übergab. In der Oberschicht wurde auch ein Brautschatz übergeben und nach der Brautnacht die sogenannte Morgengabe. Die Eltern sollten der Braut nach ihren Möglichkeiten eine Mitgift geben. Genaueres wissen wir darüber aber eigentlich nur von königlichen Eheschließungen, beispielsweise im Hinblick auf die beiden westgotischen Prinzessinnen Brunichild und Galswinth: Die Mitgift der zukünftigen Merowingerköniginnen soll jeweils sehr üppig ausgefallen sein, und von Chilperich I. wird berichtet, dass er Galswinth als Brautschatz und Morgengabe die Steuern von fünf Städten seines Reiches übertrug. Im Vertrag von Andelot (587) wurde Brunichild dies als Erbe ihrer Schwester zugesprochen.

Regelrechte Feste zur Feier einer Vermählung gab es sicher auch eher bei der Oberschicht und in der Königsfamilie als in ärmeren Kreisen. Als weitere Zeremonie im Rahmen einer Eheschließung erwähnt Gregor von Tours die Übergabe von Schuhen und einem Ring an die Braut.

Aber auch Ehescheidung war in der Merowingerzeit im Unterschied zur späteren Karolingerzeit durchaus noch möglich, wie eine Reihe von Formularen für Scheidungsbriefe nahelegt. Die Frau durfte in solch einem Fall sogar ihr Vermögen behalten.

4. Kirche und Kultur zur Zeit der Merowinger

Die Kultur der Spätantike Um die merowingerzeitliche Kirche und Kultur zu verstehen, muss man zunächst die in der römischen Spätantike herrschenden Verhältnisse anschauen. Das Römische Reich war eine Stadtkultur, bei der sich das öffentliche Leben auf dem Forum und in anderen städtischen Einrichtungen abspielte. So wurden die Kinder der Bürgerfamilien in die in allen Städten und vielen Dörfern bestehenden Schulen geschickt. Nur die Kinder der Oberschicht wurden von Hauslehrern unterrichtet. Im Elementarunterricht lernte man Lesen, Schreiben und Rechnen. Die höhere Stufe der Bildung, wenn auch nicht für alle, bestand in einer Grammatikschulung; darauf folgte gegebenenfalls eine Ausbildung in Rhetorik.

Mit dem Verfall des Römischen Reiches ging auch die Schulbildung mehr und mehr zurück; waren doch viele Schulen einst durch private Stiftungen finanziert worden, die nun ausblieben. Bildung wurde zu einem Privileg der reichen, senatorischen Familien, die sich auf ihre Landgüter zurückzogen und ihre Kinder dort unterrichteten bzw. unterrichten ließen, um auf diese Weise gegen den ‹Bildungsverfall› anzukämpfen.

Die Bildung der Kleriker und Laien Auch vielen Bischöfen in Gallien, die wie Gregor von Tours aus dem senatorischen Adel kamen, war diese Gefahr bewusst, und sie empfanden ihre eigene Bildung gemessen an Klassikern wie Cicero, Vergil oder Horaz als gering. Ein großes Problem aber bestand für sie darin, dass die verehrten klassischen Autoren Heiden gewesen waren, und einige zogen daraus den Schluss, auf diese profane Literatur zu verzichten und sich ausschließlich den Kirchenvätern zuzuwenden. Auch bei Gregor von Tours, der in seinen Werken immer wieder Verse aus der geliebten Aeneis des Vergil zitierte, merkt man, wie schwer ihm dieser Verzicht fiel. Er wollte sich den Kirchenvater Hieronymus zum Vorbild nehmen, der geträumt hatte, vor Gottes Richtstuhl gezüchtigt worden zu sein, weil er Cicero und Vergil gelesen hatte; daraufhin hatte der Heilige gelobt, dies nicht mehr zu tun.

Diese oft unter großen Gewissensbissen erfolgende Abkehr von den klassischen Bildungsinhalten der Spätantike ging einher mit der Entwicklung einer christlich geprägten Bildung und Kultur. Dies wurde kennzeichnend für die Merowingerzeit und stellt eine bemerkenswerte, eigenständige kulturelle Leistung der Epoche dar. Man hat das lange Zeit nicht erkannt, sondern das 6. bis 8. Jahrhundert nur als Epoche des Verfalls und der Dekadenz gesehen, in der es keine Schulen mehr gegeben habe und Autoren wie Gregor von Tours und Fredegar selbst zu Recht ihre armselige Bildung beklagt hätten. Wir haben es aber mit einer Umbruchzeit zu tun, in der der Ursprung der mittelalterlichen Welt liegt, denn die gesamte Kultur des Abendlandes veränderte sich und die Werte der heidnisch-antiken Bildung und Kultur wurden mit den neuen christlichen Werten verbunden. Die merowingischen Könige und das Frankenreich hatten daran einen größeren Anteil als die Könige der anderen Germanenreiche – man denke nur an den christliche Hymnen dichtenden König Chilperich I. (561–584). In der Karolingerzeit wurde diese Entwicklung dann mit der ‹Wiederentdeckung› der heidnischen Klassiker in der sogenannten karolingischen Renaissance fortgeführt. Fortan suchte man wieder bewusst nach Handschriften mit Texten aus der römischen Antike, die die Merowingerzeit überdauert hatten, um sie für verschiedene (Kloster-) Bibliotheken abzuschreiben.

Der ‹Beruf› des Priesters erforderte neben Lesen und Schreiben zumindest die Fähigkeit zu Bibellektüre, Predigt und Sakramentenspendung in lateinischer Sprache. So gab es schon auf Konzilien in der ersten Hälfte des 6. Jahrhunderts Empfehlungen, die Bischöfe und Priester der Gemeinden sollten Schulen einrichten, in denen ein ausschließlich religiöses Schulprogramm zu pflegen sei, das die Lektüre von Bibel, Psalmen und Heiligenviten umfassen sollte. Folglich dachte man nur an die Ausbildung des Nachwuchses für die Kirche und nicht an die Bildung von Laien. Daher ist es nicht verwunderlich, dass die Fähigkeit zu lesen und zu schreiben in den einfacheren Schichten mehr und mehr zurückging. Der in schlaflosen Nachtstunden auf seiner Schiefertafel übende Karl der Große ist ein plastisches Beispiel für den deplorablen Zustand der Bildungsentwicklung, die im Laufe der späten Merowingerzeit zunehmend auch die höheren Schichten erfasste. Dass die Könige der späten Merowingerzeit schreiben konnten, ist allerdings erwiesen.

Im 6. Jahrhundert hatte es noch ein Kulturgefälle gegeben, d. h. in den Gebieten, die ursprünglich zum Römischen Reich gehört hatten wie beispielsweise Gallien, lebten mehr gebildete Leute als im Norden oder Osten des Frankenreiches. Zu erklären ist dies damit, dass die Merowingerkönige die Gebiete östlich des Rheins zwar militärisch, aber nicht ‹geistig› erobert hatten. Eine literarische Kultur in lateinischer Sprache hatte es dort nie gegeben, weil rechtsrheinische Okkupationsbestrebungen Roms stets gescheitert waren.

Da der merowingische König sich am Hof mit seinen *convivae*, seinen Tischgenossen, umgab, wurden deren Söhne zwangsläufig die Freunde und Gefährten der Königssöhne; ihrer aller Erziehung bei Hofe wurde vom Hausmeier geleitet. Der Königshof wurde so zu einer Art ‹Kaderschmiede› für künftige Bischöfe, Heerführer und Verwaltungsbeamte des Frankenreiches; dies galt vor allem für die Zeit unter Chlothar II. (584–629/30) und Dagobert I. (629/30–639). Eine gewisse religiöse Erziehung wird der Erziehung bei Hof vorausgegangen sein, wie wir aus den Quellen ablesen können. Im 7. Jahrhundert kam es dann zu einer regelrechten Welle von Klostergründungen durch die entsprechend sozialisierten Söhne und Töchter vornehmer Familien. Zahlreiche Bischöfe jener Epoche waren, wie bereits erwähnt wurde, ebenfalls adeliger Abstammung, und von ihnen entsagten manche einer weltlichen Karriere im Dienst des Königs.

Die Klöster Als Zentren der Bildung und Weitergabe der Schriftkultur erwiesen sich mehr und mehr die Klöster im Merowingerreich – abgesehen von ihrer wichtigen Funktion für die Ausbreitung des Glaubens. Nach der Mission im 6. Jahrhundert versuchte man im 7. Jahrhundert vor allem, die Klöster mit Bibliotheken auszustatten. Um eine dem Rahmen angemessene

Lektüre zu besitzen, wurde bisweilen auch ein Klassikertext ‹geopfert›, indem man das Werk eines gelehrten Heiden vom sehr haltbaren und teuren Pergament abschabte und stattdessen einen Kirchenvatertext daraufschrieb. Erst der modernen Forschung gelang es gelegentlich, den ursprünglichen Klassikertext eines solchen Palimpsests wieder lesbar zu machen.

Die Klöster im Merowingerreich wiesen sowohl im Hinblick auf ihre materielle Ausstattung große Unterschiede auf wie auch im Hinblick auf die Regel, nach der die Mönche lebten.

In Gallien war zunächst das durch Martin von Tours geprägte Mönchtum wichtig. Dieser Heilige wurde vor allem von König Chlodwig I. (481/82–511) verehrt – wohl weil er zunächst ein Leben als Soldat geführt hatte und auch in Pannonien gewesen war, dem Land, das die Franken als ihr Herkunftsland ansahen. Martin wurde zum verehrten Patron der Franken und insbesondere der Königsfamilie, die im 7. Jahrhundert dann die wichtigste Reliquie von Martin, seine *cappa* (den Mantel), in den Besitz des Hofes brachte.

Die Galloromanen hingegen wurden eher von der Bewegung des auf einer Insel vor Nizza gelegenen Klosters Lérins beeinflusst. Von dort kam Caesarius von Arles, der für Männer- und Frauenklöster eine Regel verfasste, die sich in Südfrankreich verbreitete.

Von großer Bedeutung war außerdem der irische Mönch Columban, der um 591 mit zwölf Gefährten von der Insel kam und mit Unterstützung der Merowingerkönige Gunthram (561–592) und Childebert II. (575–596) das Kloster Luxeuil in den Vogesen gründete. Da die Klöster in Irland nicht den Bischöfen unterstanden, wie dies im Frankenreich der Fall war, strebte Columban auch auf dem Festland nach Unabhängigkeit seiner Gründungen, benötigte aber statt des Schutzes durch den zuständigen Bischof den des Königs. Eine Zeitlang genoss er das besondere Wohlwollen der Königin Brunichild († 613) und ihres Enkels Theuderich II. (596–613). Als er sich aber weigerte, die vier von Konkubinen stammenden Söhne des Königs zu segnen, weil er dessen Lebenswandel missbilligte, musste er Austrien verlassen und ging nach Neustrien zu Chlothar II. (584–

629/30). Das columbanische Mönchtum zog dann vor allem den Adel an, der, wie schon erwähnt, im 7. Jahrhundert zahlreiche Männer- und Frauenklöster gründete, die vom zuständigen Bischof wesentlich weniger abhängig waren als die schon bestehenden Abteien.

Der Gründer eines Klosters oder der erste Abt bestimmte meist über die Regel; so war auch die später im gesamten Karolingerreich geltende Regel Benedikts von Nursia zwar im 6. Jahrhundert entstanden, war damals aber nur eine von mehreren Klosterregeln. Immerhin lassen sich zwischen der Regel Columbans und jener Benedikts große Übereinstimmungen feststellen, vor allem im Hinblick auf die Gehorsamspflicht der Mönche. Es gab geistliche Gemeinschaften, deren Mitglieder von ihrer Hände Arbeit lebten, wie von der Benediktsregel verlangt («*ora et labora*»), aber auch andere, deren Mönche oder Nonnen nur beteten und studierten und für ihren Lebensunterhalt auf Spenden der Gläubigen angewiesen waren.

Nicht nur der Adel gründete Klöster, auch Könige und Königinnen taten dies wiederholt, so dass die Abteien zu Begräbnisstätten und Orten des Totengedenkens für die Königsfamilie oder Adelsfamilien wurden, gleichzeitig aber auch zu geistigen Zentren und Machtbastionen. So mussten die karolingischen Hausmeier im Zuge ihrer Machtübernahme erst einmal die der merowingischen Königsfamilie nahestehenden Abteien politisch und materiell für sich gewinnen.

In der Merowingerzeit war es noch möglich, das Kloster wieder zu verlassen, auch wenn man bereits das ‹ewige› Gelübde abgelegt hatte. Dies zeigt der im Zusammenhang mit den Königstöchtern schon erwähnte ‹Nonnenaufstand von Poitiers› vom Ende des 6. Jahrhunderts. Wir wissen außerdem aus den Quellen, dass nicht alle Eltern über den Eintritt ihrer Kinder ins Kloster glücklich waren, denn damit entzog sich mitunter der Erbe einer Verpflichtung zur Versorgung der Eltern im Alter. Gregor von Tours fürchtete am Ende seines Lebens um die monastische Lebensform, da es nicht nur in Poitiers, sondern auch in anderen Frauenklöstern zu Protesten und Austritten gekommen war. Den sogenannten Klosterfrühling des 7. Jahrhunderts, der zu zahlreichen Neugründungen vor allem durch Mitglieder adeliger Familien führte, konnte er nicht voraussehen. In der langen Phase der Auflösung des Merowingerreiches sollten vor allem die Klöster zu Zentren geistiger Kontinuität werden.

Die Bischöfe im Merowingerreich Wenn man die Organisation der Kirche im Merowingerreich verstehen will, muss man zunächst die Verhältnisse in der Spätantike studieren. Entsprechend der Verwaltung der *civitates*, der Städte, entsprach auch der Sprengel eines Bischofs der einer *civitas*, und der Bischof einer Provinzhauptstadt war der ranghöchste Bischof der Kirchenprovinz und wurde als Erzbischof oder Metropolit bezeichnet. In Gallien gab es insgesamt 115 Bischofssitze in 17 Kirchenprovinzen.

Aus der Spätantike wurde aber nicht nur die Kirchenstruktur übernommen, sondern auch Lehre, Kultus und rechtliche Strukturen, worunter beispielsweise auch das bereits erwähnte Institut des Kirchenasyls zu fassen ist.

Mit dem Schwinden der weltlichen römischen Verwaltungsstruktur wuchsen dem Bischof mehr und mehr solche Aufgaben zu, die früher der Stadtherr übernommen hatte. So wurde schon in spätantiker Zeit das Bischofsamt oft zum krönenden Abschluss einer weltlichen Karriere, und auch in der Merowingerzeit kamen viele Bischöfe Galliens aus gallorömischen Adelsfamilien, wobei dasselbe Bischofsamt bisweilen über Generationen in einer Familie weitergegeben wurde. Arnulf von Metz, der Stammvater der Karolinger, erscheint als *das* Beispiel schlechthin für die gerade geschilderten Zusammenhänge: Er hatte eine hohe Stellung im Dienst des Königs inne, bevor er nach dem Tod seiner Ehefrau Bischof von Metz wurde. Sein Sohn Chlodulf folgte ihm später in diesem Amt nach.

Theoretisch sollte zwar die Wahl eines Bischofs durch Klerus und Volk eines Bistums erfolgen, aber in der Praxis war es meist so, dass der König zusammen mit dem senatorischen Adel und den anderen Bischöfen den Kandidaten bestimmte. Auch galt eigentlich der Grundsatz, dass der Kandidat für ein Bischofsamt mindestens seit einem Jahr Kleriker sein musste, aber diese Frist

ist sicher gerade bei Bischöfen, die vorher Verwaltungsbeamte gewesen waren, nicht immer eingehalten worden.

Die Bischöfe der Merowingerzeit waren mitunter verheiratet und mussten so bei ihrem Amtsantritt lediglich sexuelle Enthaltsamkeit versprechen, was, wie Gregor von Tours mit anschaulichen Anekdoten schildert, dem einen oder anderen wohl nicht ganz leicht fiel. So gab es während der Merowingerzeit unter den vornehmen Frauen einer Stadt auch die Ehefrau des Bischofs, die eine privilegierte Stellung einnahm. Mitunter musste nach dem Tod des Bischofs dann auch mit ihr um die Aufteilung des Erbes in Kirchenvermögen und privates Erbgut gerungen werden.

Im Jahr 511 hatte Chlodwig I. das erste Konzil in der Stadt Orléans einberufen und die fränkische Reichskirche gegründet. Nach Chlodwigs Tod blieb es dabei, dass der König das Konzil einberief und die neu gewählten Bischöfe mindestens bestätigte, falls er sie nicht sogar designiert hatte. Vor diesem Hintergrund wird verständlich, dass die Bindung der Bischöfe an den König stark war. In weiser Einsicht in diese Verhältnisse wandte sich daher Papst Gregor der Große (590–604) mit seiner Bitte, regelmäßig Synoden abzuhalten und auf eine Reform der Kirche hinzuwirken, auch nicht an die Bischöfe, sondern an die merowingischen Königinnen Brunichild († 613) und Fredegunde († 597), wie aus seiner Briefsammlung hervorgeht.

Der Bischof hatte nicht zuletzt die Aufgabe, auf regelmäßigen Reisen durch seine Diözese, den sogenannten Visitationsreisen, zu überprüfen, ob die Priester ihr Amt ordentlich versahen, die Kirchengebäude in gutem Zustand waren und auch die Armenfürsorge nicht zu kurz kam. Für die kirchliche Versorgung der Gläubigen auf dem Land entstanden mehr und mehr sogenannte Eigenkirchen – also von einem begüterten Laien oder auch von Bischöfen aus ihrem Privatvermögen errichtete kleine Kirchen, an denen ein Priester Dienst tat, der vom sogenannten Eigenkirchenherrn eingesetzt und von den Abgaben der Gläubigen ernährt wurde. Erst in der späteren Karolingerzeit geriet diese für die Gläubigen, die fern der Bischofsstädte lebten, wichtige Institution in die Kritik – genau wie die der Chorbischöfe (von griechisch *chora,* d.h. Land), also die auf dem Lande tätigen Bischöfe mit Weihegewalt, welche die Bischöfe der Stadtgemeinde unterstützten, weil diese, zumal angesichts der schwierigen Wegeverhältnisse und geringen Reisegeschwindigkeit nicht überall dort sein konnten, wo man ihrer bedurft hätte.

Ein zentrales Anliegen der Kirche war es, wie bereits deutlich wurde, die Blutrache einzudämmen; so waren die Bischöfe auch häufig Mitglieder des Königsgerichts, das immer wieder versuchte, durch die Festlegung von Wergeldzahlungen blutige Fehden zu verhindern.

Einschränkungen des kirchlichen Lebens brachten nicht nur die Bruderkriege der Merowingerkönige mit sich, die es Bischöfen nicht selten unmöglich machten, zu einem Konzil im verfeindeten Teilreich zu reisen oder ihr Bistum angemessen zu visitieren. Es kam auch wiederholt zu Rückfällen ins Heidentum in bereits christianisierten Gebieten, etwa wenn heidnische Germanenstämme wie die Alemannen im Südwesten oder slawische Stämme im Osten sich ansiedelten, ihre heidnischen Bräuche pflegten und das kirchliche Leben zum Erliegen brachten. Man bezeichnet dieses Phänomen als Repaganisierung, war doch im Römischen Reich der *paganus*, der Landbewohner, gleichbedeutend mit dem «Heiden» gewesen.

Der Bischof von Rom Am Ende des 6. Jahrhunderts rückten dann eine Stadt und ein Bischof in den Mittelpunkt des kirchlichen und gelehrten Interesses: der Bischof von Rom, Papst Gregor I. (590–604), auch Gregor der Große genannt, von dem wir bereits gehört haben.

Gregor stammte aus einer römischen Senatorenfamilie und war Stadtpräfekt von Rom gewesen, bevor er Mönch wurde. Er wurde nicht nur zum Schutzherrn der Stadt, als er den Abzug der eingefallenen Langobarden durch Verhandlungen erreichte, er korrespondierte auch mit Bischöfen und Missionaren, Königen, Königinnen und Fürsten wegen vielfältiger theologischer, kirchlicher und moralischer Probleme. Davon zeugen 854 erhaltene Briefe dieses Papstes.

Gregor verschenkte neben Reliquien immer wieder Handschriften an Bischöfe, Äbte, Königinnen und sogar Laien. Dies förderte den Ruf von Rom als dem Schatzhaus authentischer kirchlicher Texte. Auch die karolingischen Herrscher erbaten in späteren Jahrhunderten immer wieder Bücher aus Rom. Doch bereits gegen Ende des 6. Jahrhunderts wurde die spätere Bindung des Frankenreiches an den Papst in Rom, der dem karolingischen König schließlich zur Legitimierung seiner Machtübernahme verhalf, vorbereitet.

Auch in Fragen der rechten Kirchenlehre wurde das Wort des Papstes in Rom zunehmend verbindlich und handlungsleitend, da Gregor der Große die an ihn gerichteten Briefe von Bischöfen mit Fragen zur kirchlichen Rechtsprechung und kirchlichen Lehre sorgfältig beantwortete und damit Maßstäbe setzte.

Das religiöse Leben Um das Heidentum im Frankenreich zu bekämpfen, griffen die Bischöfe bisweilen zu drastischen Mitteln, indem sie etwa heidnische Kultstätten niederbrannten. Solch ein Schritt war allerdings nicht ungefährlich, da die Heiden sich dafür zu rächen suchten. Eine andere Methode bestand darin, heidnische Kultstätten in christliche umzuwandeln – dass so etwas funktionieren konnte, wissen wir vor allem dank Gregor von Tours.

Im kirchlichen Leben des Merowingerreiches spielte die Heiligenverehrung eine große Rolle. Heilige hatten in ihrem vorbildlichen Leben die Nachfolge Christi verwirklicht und galten daher als Vermittler zwischen Gott und den Menschen. Man glaubte, dass sie durch Wunder in Notlagen halfen. Da nicht alle Kirchen den Körper eines Heiligen besaßen, begann man, Teile des Körpers abzutrennen und in kostbaren Gefäßen einzuschließen, um sie an andere Kirchen oder Einzelpersonen weiterzugeben oder zu verkaufen. Solche Körperteile bezeichnete man als Reliquien; ihr Besitz war sehr begehrt. Eine andere Art von Reliquien waren Objekte, die im Leben eines Heiligen eine besondere Bedeutung bekommen hatten: Da Martin von Tours spätestens seit der Zeit Chlodwigs I. der wichtigste Heilige des Frankenreiches war, war der Geschichtsschreiber Gregor besonders stolz darauf, gerade Bischof dieses Bistums zu sein. Die

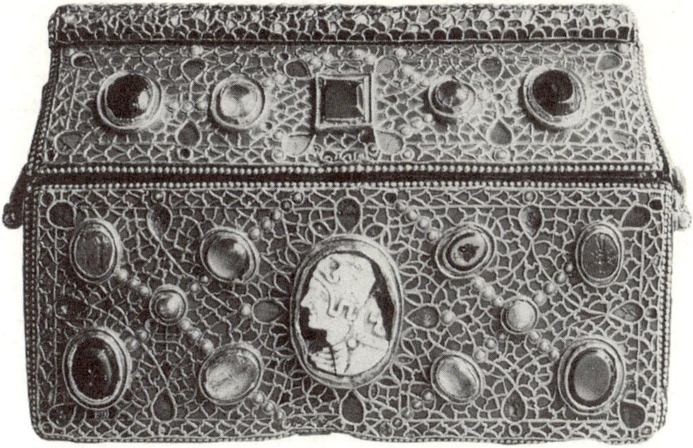

Teuderigus-Reliquiar aus der Abtei Saint-Maurice d'Agaune im Wallis; das hausförmige Reliquiar aus dem 7. Jahrhundert besteht aus Silberplatten mit Goldblech sowie Glaseinlagen und antiken Gemmen.

cappa – der Mantel – des heiligen Martin kam vermutlich durch Vermittlung der Königin Balthild aus Tours in den Besitz des Königshofes, denn in einer Urkunde ihres Sohnes, König Theuderichs III., aus dem Jahr 682 ist erstmals zu lesen, dass die *cappa* sich im Besitz des Hofes befinde. Die vornehmste Aufgabe der Geistlichen am Königshof wurde neben der Seelsorge am Hof die Bewahrung dieser Reliquie. Davon leitete sich dann der Begriff Hofkapelle ab als Bezeichnung für die Geistlichen in der Umgebung des Königs.

Zur Zeit Chlodwigs I. kam ein religiöser Brauch auf, den man erst in der Karolingerzeit zu bekämpfen begann, und zwar die Bestattung von Laien in der Kirche. Da sowohl die merowingischen Könige als auch deren Frauen und Kinder in bestimmten Grabkirchen in Paris und anderen Städten ihre letzte Ruhestätte fanden, wollten auch vornehme Laien dies nachahmen und sich in der Kirche bestatten lassen. Von einem Bestattungsplatz an einem geweihten Ort versprach man sich eine günstige Auswirkung auf das eigene Seelenheil.

Für die einfacheren Leute gab es zunächst Reihenfeldgräber

außerhalb der Siedlungen. Im 7. Jahrhundert setzte sich immer mehr die Bestattung auf einem Friedhof neben der Kirche durch. Zugleich mit der praktizierten Sorge um günstige Bedingungen für die Aufnahme des Verstorbenen in den Himmel schwand unter dem Einfluss des Christentums die Sitte, Toten Beigaben ins Grab zu legen. Vielleicht korreliert wiederum das Aufkommen der Grabräuberei, da man sich damit doch gewissermaßen nur etwas ‹zurückholte›, dessen die Toten nach christlicher Auffassung nicht bedurften. Erfreulicherweise war zu diesem Zeitpunkt das Grab König Childerichs I. offenbar bereits in Vergessenheit geraten, so dass es nicht geplündert wurde.

5. Handwerk, Handel und Wirtschaft zur Zeit der Merowinger

Handwerk und Kunsthandwerk Den folgenden Ausführungen sei vorausgeschickt, dass manuelle Tätigkeiten in der Merowingerzeit nicht angesehen waren und man damals auch keinen Unterschied machte zwischen Handwerk und Kunsthandwerk. Selbst in dieser kriegerischen Gesellschaft, die auf gute Waffen elementar angewiesen war, genossen Waffenschmiede so wenig besonderes Prestige wie Goldschmiede.

Die durch die Kunstfertigkeit eines Goldschmiedes erzielte Wertschöpfung eines Schmuckstückes galt wenig. Man beurteilte es ausschließlich nach dem Metallwert, und so wurden später häufig Gegenstände wieder eingeschmolzen, um etwas Neues aus ihnen herzustellen. Man hat darin einen wesentlichen Grund gesehen für die Vernichtung zahlreicher Goldschmiedearbeiten, die in den erzählenden Quellen erwähnt werden. Bekannt ist etwa, dass Bischof Remigius von Reims eine Schale, die ihm Chlodwig I. geschenkt hatte, einschmelzen ließ, um daraus liturgische Gefäße machen zu lassen. Es zählte also weder, dass es sich dabei um ein Erinnerungsstück an den ersten christlichen Merowingerkönig handelte, noch der Reiz der Goldschmiedearbeit selbst.

So wüssten wir sehr viel weniger über merowingerzeitliches Kunsthandwerk, wenn es nicht die zahlreichen Schmuckstücke gäbe, die in Gräbern gefunden wurden. Nicht zuletzt die verschiedenartigen Scheiben- und Bügelfibeln mit den Almandinen, roten Halbedelsteinen aus der Familie der Granate, die in der sogenannten Cloisonné-Technik in Gold eingefasst worden waren, belegen das hohe Niveau der Goldschmiedekunst des 6. und 7. Jahrhunderts. Aber auch Ketten aus Bernstein oder buntem Glas sowie kunstvoll gestaltete goldene Siegelringe vermitteln uns einen Eindruck vom Schmuck der Oberschicht des Frankenreiches.

Das kunstreich mit Goldfäden bestickte Seidenhemd der Königin Balthild zeigt, welchen Grad an Perfektion die Textilverarbeitung im 7. Jahrhundert erreicht hatte.

Im Vergleich zur Spätantike gingen die handwerklichen Fertigkeiten insgesamt gesehen jedoch zurück. In Gesetzestexten dieser Zeit werden noch rund 35 Handwerksberufe erwähnt, von denen einige in der Merowingerzeit nicht mehr ausgeübt wurden. So ging auch die Fähigkeit zurück, Glas herzustellen. In Gallien gab es zudem einen großen Mangel an Eisen. Folglich wurden Glas und Eisen zu begehrtem Diebesgut, das man vor allem aus Kirchen, die etwa – wie sonst nur wenige andere Gebäude – über Glasfenster verfügten, stahl oder zu stehlen versuchte.

Die Quellen lassen auch erkennen, dass im 6. Jahrhundert die aus römischer Zeit stammenden oberirdischen Wasserleitungen in Gallien, die sogenannten Aquaedukte, verfielen, weil es keine Handwerker mehr gab, die sich auf ihre Instandhaltung und Reparatur verstanden. In manchen Städten ging man dazu über, unterirdische Wasserleitungen aus Holz anzulegen. Solche Tätigkeiten wurden oft von wandernden Handwerkern ausgeführt, die mitunter von Stadt zu Stadt zogen, da Bischöfe sie seinen Amtsbrüdern weiterempfahlen. Handwerker für einfache Tätigkeiten waren oft Unfreie.

Aufgrund des schwindenden handwerklichen Könnens wurden die antiken Bauwerke auch gerne als Materialressourcen benutzt, und man entfernte daraus Eisen und brach Steine und Marmor heraus, um die Werkstoffe woanders neu zu verbauen. Viele antike Bauwerke, die die Wirren der Spätantike überstanden hatten, gingen so in der Merowingerzeit unter. Während wir diese Zerstörung antiker Bau- und Kunstwerke grundsätzlich als barbarisch empfinden, waren die Menschen des 6. und 7. Jahrhunderts sogar davon überzeugt, ein gottgefälliges Werk zu tun, wenn sie heidnische Tempel abbrachen, um etwa mit dem Material eine christliche Kirche zu errichten.

Handel und Wirtschaft Der Handel wurde in der Merowingerzeit dadurch erschwert, dass das Straßensystem der Römerzeit verfallen war. Inzwischen versuchten zwar viele Bischöfe, die die Funktion von Stadtherren übernommen hatten, oder auch Äbte von Klöstern, die Verkehrswege wieder instand zu setzen und dann in Ordnung zu halten, aber aufgrund der «Entstaatlichung des Straßenwesens» (Dietrich Claude) gestaltete sich dies oft nicht so einfach. Daher waren Warentransporte auf dem Wasserweg am preiswertesten. Ein Transport mit Fuhrwerken (sogenannten *plaustra*), die von Ochsen oder Eseln gezogen wurden, kostete viel und dauerte lange. Auch Kamele wurden zum Transport von Lasten herangezogen. Hinzu kam, dass an Land immer wieder Räuber versuchten, die Waren zu stehlen, während von Flusspiraten bis zum Auftreten der Normannen im 9. Jahrhundert nichts bekannt ist. Man vermied allerdings Nachtfahrten wegen der Untiefen und Strömungen der Flüsse.

Ein wichtiger Dreh- und Angelpunkt des Handels war die Hafenstadt Marseille, wo die Güter aus dem Mittelmeerraum eintrafen – nicht zuletzt Sklaven, die von dort weiter ins Frankenreich transportiert wurden. Rhône, Saône und Loire hatten für den Fernhandel große Bedeutung, und es ist einleuchtend, dass Städte, die am Mittelmeer oder an diesen Flüssen lagen, vom Handel profitierten, denn ihre Bewohner kamen leichter an seltene und begehrte Waren aus ferneren Gebieten. Aus Ägypten etwa kam der Papyrus, der im 6. Jahrhundert als Beschreibstoff noch wichtiger war als Pergament und in großen Mengen gebraucht wurde für die zahlreichen Schriftstücke, die in der Verwaltung anzufertigen waren. Auch Olivenöl und Reis waren wichtige Importgüter, ebenso seltene Gewürze und Seidenstoffe aus dem Orient.

Reisewagen, der von Ochsen gezogen wird
(Miniatur aus dem Folchart-Psalter von Sankt Gallen).

Es gab berufsmäßige Händler, oft Syrer und Juden, die ihre Güter über weite Strecken transportierten und auf dem Rückweg wieder andere Waren mitnahmen, nachdem sie ihre Importe abgeliefert hatten. Am Handel beteiligten sich aber auch Klöster, die mehr einführten, als sie für ihren eigenen Bedarf benötigten, und den Überschuss weiterverkauften. Es hat sich eine Urkunde Chilperichs II. von April 716 für die Abtei Corbie erhalten, in welcher der König dem Kloster die Zolleinkünfte für bestimmte Lebensmittel schenkt: Genannt werden Grundnahrungsmittel wie Reis und Kichererbsen, Gewürze wie Pfeffer, Kümmel, Nelke, Zimt und Lavendel sowie Olivenöl.

Die Handelsgüter wurden auf Märkten und Messen feilgeboten. Der bedeutendste Jahrmarkt der späten Merowingerzeit fand immer am 9. Oktober bei der Abtei Saint-Denis statt und zog wegen der Nähe zu Paris und der Lage an der Seine viele Besucher an. Nur in Zeiten, in denen die Pest grassierte, wurden solche Märkte abgesagt, um die Ansteckungsgefahr nicht zu vergrößern.

Neben den reichen Kaufleuten und Berufshändlern gab es aber auch die kleinen Händler und Hausierer, von denen die Quellen berichten. Sie konnten sich gewiss mehr schlecht als recht durch den Weiterverkauf von Lebensmitteln in abgelegeneren Gebieten über Wasser halten.

Aber auch sie müssen über Münzgeld verfügt haben, was die ältere Forschung für unmöglich gehalten hatte; jedenfalls war die merowingische Wirtschaft offenbar keine reine Naturalwirtschaft: Wir hören von einer alten Weinhändlerin, der ein Dieb die Ladenkasse mit Geld gestohlen hatte, und von einem Armen, der mit Hilfe eines Bittbriefes, den ein Bischof für ihn aufgesetzt hatte, Geld zusammengebettelt hatte. Von gewerbsmäßigen Geldverleihern berichten die Quellen hingegen nicht. Erwähnt werden sowohl Gold- als auch Silberwährung, wobei die einfacheren Leute und kleinen Händler wohl nur Silbermünzen gehabt haben dürften. Leider wissen wir aber nichts Genaueres über die ‹kleinen› Münzen in der Merowingerzeit, denn erst über die Münzreform Karls des Großen zu Beginn des 9. Jahrhunderts berichten die Quellen ausführlicher.

So ergibt sich insgesamt kein differenzierteres Bild von Handel und Wirtschaft in der Merowingerzeit, nicht zuletzt weil kein statistisch verwertbares Quellenmaterial vorhanden ist.

6. Leben und Alltag in der Merowingerzeit

Die Ernährung Lange wusste man fast nur aus dem Werk Gregors von Tours Details über die Ernährung der Menschen in der Merowingerzeit. Bei dessen Lektüre ist allerdings zu bedenken, dass der Autor aus seinem Lebensraum berichtet, dem südlichen und südwestlichen Teil des Merowingerreiches, wo etwa ganz andere Pflanzen wuchsen als im nördlichen Teil. Daher sind seine Berichte nicht repräsentativ für das gesamte Frankenreich. In den letzten Jahrzehnten haben die Archäologie und die Archäobotanik zunehmend unsere Kenntnisse für diesen Bereich erweitert, denn die Bodenanalyse von Pflanzenresten aus ergrabenen Siedlungen und Gräbern hat gezeigt, dass – wie nicht anders zu erwarten – Ackerbau und Gartenkultur, der Anbau von Obst und Gemüse, die wichtigste Ernährungsgrundlage bildeten. Es gab eine Vielfalt von angebauten Getreidesorten, was das Risiko von Missernten verringern sollte, denn der Hunger bedrohte – und das nicht nur im Frühmittelalter – die Existenz des Menschen. Das lag zum einen an der Abhängigkeit der Ernteerträge vom Wetter, aber auch an der Tatsache, dass damals die Konservierungsmöglichkeiten von Lebensmitteln sehr begrenzt waren. So konnten Ernteausfälle nicht leicht durch raschen Import von Lebensmitteln aus anderen Regionen ausgeglichen werden, denn die Verkehrswege waren schlecht und die Transportmittel, meist Ochsengespanne, sehr langsam. Daher war der Speiseplan dieser rein agrarisch geprägten Gesellschaft fast völlig von dem Naturraum abhängig, in dem der Einzelne lebte.

Der Boden wurde in einer Feld-Gras-Wirtschaft genutzt, indem ein Acker nach einigen Jahren des Getreideanbaus als Viehweide genutzt und erst einmal nicht mehr bestellt wurde. Erst gegen Ende des 8. Jahrhunderts ging man zur wesentlich effektiveren Drei-Felder-Wirtschaft über, d. h., dass man im rotierenden System auf dem ersten Acker Wintergetreide anbaute, auf dem zweiten Sommergetreide und den dritten brach liegen ließ. Man schätzt, dass der Ertrag dadurch um 30 bis 50% gesteigert werden konnte, weil der Boden nicht mehr so ausgelaugt wurde wie bei dem schlichten Wechsel zwischen Anbau und Brache, was auch die Zunahme von Ackerunkräutern förderte. Trotzdem dürfte selbst ein Hof, der in Drei-Felder-Wirtschaft anbaute, bei guter Getreideernte nicht mehr als einen Ertrag von umgerechnet 1600 Kalorien pro Tag und Person erbracht haben – in der Merowingerzeit war es vermutlich sogar noch deutlich weniger. Erst in der Karolingerzeit wurde außerdem der Anbau von Hülsenfrüchten intensiviert. Sie reicherten nicht nur die vom Getreideanbau ausgelaugten Böden wieder mit Stickstoff an, sondern nährten die Menschen auch besser, weil sie viele Kohlehydrate enthalten.

Wenn sich auch die Ernährung in der Karolingerzeit verbesserte, so ist doch die früher oft vertretene These vom allgemeinen Verfall der römischen Gartenkultur in der Merowingerzeit falsch. Diese ist nämlich nicht erst in den Klöstern der Karolingerzeit wiederbelebt worden, sondern, wie Ausgrabungen merowingischer Siedlungen gezeigt haben, wurden schon früher sowohl Kräuter wie Koriander, Senf, Dill und Petersilie kultiviert als auch Mangold und Kohl als Gemüse sowie Kirschen und Feigen als Obst angebaut; all dies aber wäre ohne kompetente gärtnerische Pflege nicht gediehen.

Man darf auch nicht vergessen, dass viele Nahrungsmittel, die heute ganz selbstverständlich auf unserem Speiseplan erscheinen wie Kartoffeln, Mais und die wichtigsten Bohnensorten sowie Kaffee, Tee und Kakao, im gesamten Mittelalter nicht bekannt waren, sondern erst nach Entdeckung der ‹Neuen Welt› an der Schwelle zur frühen Neuzeit eingeführt wurden. Auch die Vielfalt von Obstsorten verbreitete sich erst nach dem Jahr 1000, als man die Kunst der Veredelung (des Pfropfens) entdeckte. Einziger Süßstoff im Mittelalter war Honig, da selbst die Gewinnung von Rohr- und Rübenzucker erst in der Neuzeit aufkam. Honig aber werden fast ausschließlich die höheren Schichten genossen haben.

Menge, Qualität und Reichhaltigkeit der Nahrungsmittel waren ohnehin stark von der Schichtzugehörigkeit der Konsumenten abhängig. Dunkles Brot und Wasser waren die Grundnahrungsmittel, wobei Getreide auch oft in Form eines gekochten Breis gegessen wurde. Neben Wasser gab es als Getränke noch pflanzliche Brühen, Milch, ferner Saft aus gepresstem Obst. Gregor von Tours erwähnt darüber hinaus noch Wein, der teilweise mit Wasser verdünnt wurde, zudem Apfelmost, Bier und eine Art Absinth (Wermut). Dass der Genuss von Alkohol auch frommen Männern gefährlich werden konnte, beweist seine Geschichte von einem Einsiedler, der von der Freigebigkeit frommer Menschen lebte, die ihm aus Verehrung so oft einen Krug mit Wein brachten, dass er bald zum Alkoholiker wurde.

Die archäologischen Funde in Siedlungen haben ergeben, dass unter den Haustieren in der Merowingerzeit Schwein und Rind gegenüber Schaf und Ziege dominierten, obwohl die beiden letztgenannten Tierarten natürlich Milch gaben und mithin auch für die Produktion von Käse wichtig waren, der für die damalige Zeit verhältnismäßig lange konserviert werden konnte. Hühner, Enten und Gänse lieferten die Eier und konnten selbst verzehrt werden. Im Sommer und Herbst wurden Wildkräuter und Wildfrüchte gesammelt und bereicherten den Speiseplan.

Aus dem Mittelmeerraum importierte man nicht nur Olivenöl, sondern auch Reis und Kichererbsen sowie Gewürze (Pfeffer, Kümmel, Zimt und Nelken), mit denen man – wenn man sie sich leisten konnte – das Essen verfeinerte. Die meisten Speisen wurden nicht gebraten, sondern gekocht. Dafür benötigte man große Töpfe, die über die offene Feuerstelle gehängt wurden. Gegessen wurde mit einem Löffel aus Holz, und auch in höheren Schichten waren die Trinkbecher zunehmend aus Holz, da in der Merowingerzeit, wie erwähnt, die Fähigkeit zurückging, Glas herzustellen.

Wohnen in der Merowingerzeit Wie die Speisegewohnheiten, so war auch die ‹Wohnqualität› im 6. und 7. Jahrhundert in hohem Maße schichtabhängig. Einfache Häuser waren aus Flechtwerk, das in Fachwerkbauweise mit Lehm verkleidet wurde. Der Boden des Hauses bestand aus gestampftem Lehm. Die Dächer waren aus Stroh, gelegentlich auch mit Holzschindeln gedeckt. Die Dachneigung war ziemlich steil, damit Regenwasser und Schnee möglichst schnell ablaufen konnten und das Stroh oder Holz auf dem Dach nicht zu faulen begann. Die Standdauer solcher Häuser währte, vor allem im Norden des Frankenreiches, nicht besonders lang. Vermutlich alle 30 oder maximal 50 Jahre musste ein neues Haus errichtet werden, oft wurde es direkt neben dem alten gebaut.

Die besseren Häuser waren aus Holz und die besten aus Stein. Vor allem Kirchen wurden zunehmend aus Stein gebaut; sie erhielten einen Steinsockel und Pfosten, die das Dachgebälk stützten.

Von den Kirchen abgesehen, war der zentrale Platz im Inneren eines Hauses die Feuerstelle, weil sie Beleuchtung, Wärmequelle und Kochstelle zugleich war. Oft waren diese Feuerstellen im Boden eingelassen auf einer Unterlage aus flachen Stei-

Rekonstruktionszeichnung des Herrn von Krefeld-Gellepp in seinem Haus mit offener Feuerstelle.

nen. Meist war die Feuerstelle nicht weit von der Tür, damit der Rauch abziehen konnte, denn oft gab es keinen Rauchfang. Insofern kann man sich vorstellen, dass die Beeinträchtigungen durch Rauch für die Augen und die Lunge gerade im Winter hoch war. Die Schlafplätze befanden sich wohl auf einem eingezogenen Dachboden im Haus. Neben dem Wohnhaus gab es weitere Gebäude für Vieh und Vorratshaltung, wobei man bei diesen Konstruktionen besonderen Wert auf den Schutz vor Schädlingen und Feuchtigkeit legte. Außerdem gab es sogenannte Grubenhäuser, die ca. einen Meter in den Boden eingetieft waren und deren besonderer Vorzug das auf diesem Erdniveau herrschende feucht-kühle Klima war; so dienten sie entweder zur Vorratsspeicherung oder waren Orte der Textilherstellung, also für Flachsarbeiten und Weben. Zäune schützten die Häuser und auch die um das Haus angelegten Gemüsegärten vor wilden Tieren.

Im Hinblick auf Siedlungen ist zu unterscheiden zwischen Neugründungen und Orten, die schon in der Römerzeit bestanden hatten. Gregor von Tours berichtet wiederholt von Orten, die von ihren Bewohnern aufgegeben worden waren. Man bezeichnet sie in der Forschung als Wüstungen. In solchen Wüstungen muss es Steinbauten gegeben haben, deren Ruinen auch später noch erkennbar waren und gelegentlich zum neuen Wohnort eines Einsiedlers wurden. Ansonsten dienten antike Ruinen oft als ‹Steinbruch›, indem man das Material für den Neubau von Kirchen oder profanen Gebäuden nutzte.

Kleidung und Waffen Die byzantinischen Quellen lassen zwar erkennen, dass die Franken sich anders kleideten als die Römer, aber über Dinge wie Kleidung, die ja für jeden Zeitgenossen zu den Selbstverständlichkeiten des Alltags gehörte, wurde nicht ausführlich geschrieben. Auch Gregor von Tours schildert zwar den ‹abenteuerlichen Aufzug› von betrügerischen Wanderpredigern oder den kostbaren Schmuck von Merowingerköniginnen, aber nicht die Alltagskleidung einfacher Bauern oder Krieger. Wiederum ist es die Archäologie, die uns in diesem Punkt weiterhilft, wenn es auch besonderen detektivischen Scharfsinn erfordert, die in den Gräbern gefundene Kleidung zu rekonstruieren, da empfindliche Materialien wie Stoffe sich im Boden auflösen oder Haarnadeln und Schmuckfibeln verrutschen, wenn der Körper verwest. Als ein glücklicher Umstand im Hinblick auf die ans Licht gebrachten Merowingergräber erscheint die Tatsache, dass bei den Römern unter Einfluss des Christentums seit dem 4. Jahrhundert der Brauch zurückging, die Toten mit mehr oder weniger reichen Grabbeigaben zu bestatten – anders als zunächst bei den Franken. Bei ihnen wurden Frauen üblicherweise mit ihrem Schmuck und anderen Beigaben in die Erde gelegt und Männer mit ihren Waffen und Werkzeugen. Daher kann man römische und fränkische Grabverhältnisse recht gut unterscheiden.

Es ergibt sich folgendes Bild: Im 5. Jahrhundert trugen die Fränkinnen ein röhrenförmiges Gewand, eigentlich ein rechteckiges Stück Stoff, das an der Seite zusammengenäht und auf den Schultern von einem Paar Spangen, die man als Fibeln bezeichnet, gehalten wurde. Eine weitere Fibel hielt den darüber getragenen Mantel. Im Laufe der Zeit wurden die Fibeln allerdings zu Schmuckelementen oder Statussymbolen, da die Fränkinnen unter römischem Einfluss begannen, eine Tunika zu tragen. Die Gewänder der einfachen Fränkinnen waren aus Leinen oder Schafwolle, während die Königinnen Seide trugen. Das Grab der Königin Arnegunde in Saint-Denis und das Totenhemd der Königin Balthild in Chelles belegen dies. Im Arnegunde-Grab fand man den erwähnten goldenen Siegelring, Schmuck sowie Gewandnadeln und Fibeln. Die Gemahlin Chlothars I. war mit Hemd, Tunika, Schleier, Mantel und Strümpfen bekleidet worden.

In anderen Frauengräbern fand man neben Schmuck auch kostbare Kämme und andere nützliche Gebrauchsgegenstände wie Messer und Scheren in kleinen Lederbeuteln. Kein Wunder also, dass Gregor von Tours mehr als einmal von Grabräubern erzählt, die oft bereits wenige Tage nach der Bestattung einer vornehmen Frau oder eines vornehmen Mannes Gräber gewaltsam öffneten und vor allem den Schmuck stahlen. Im fränkischen Volksrecht, der *Lex Salica*, gibt es gleich zwei Stellen, an denen harte Strafen für Grabraub angedroht werden.

Die entdeckten merowingerzeitlichen Männergräber vermitteln nicht nur einen guten Eindruck von der Kleidung der Krieger und Bauern, sondern auch von Waffen und Handwerkszeug.

Es scheint so, als habe sich die Männerkleidung zwischen dem 5. und 9. Jahrhundert kaum verändert, wenn wir zu den archäologischen Funden die bildlichen Darstellungen und die Schriftquellen hinzuziehen. Ein Franke trug eine enge, bis zu den Knöcheln reichende Hose, wobei die Waden bis zu den Knien mit Wadenbinden umwickelt wurden. Die Schuhe waren aus einem Lederstück geschnitten. Das Obergewand war eine knielange Tunika, die wohl meist eng anlag. An einem mehr oder weniger kostbaren Gürtel, der über der Tunika getragen wurde, hing ein kleiner Lederbeutel mit wichtigen Dingen wie einem Messer und einem Feuerstein. Der Mantel war zunächst nur ein ärmelloser Überwurf, der von einer Fibel zusammengehalten wurde, im 7. Jahrhundert dann ein richtiger Mantel mit Ärmeln. In den fränkischen Gräbern nach 670 tauchen interessanterweise in größerer Zahl Rasiermesser auf.

An Waffen besaßen die Krieger zunächst einmal ein großes, zweischneidiges Schwert, die sogenannte Spatha, die schon im berühmten Grab Childerichs I. lag. Die Spatha war oft mit einer

Schlaufe versehen, damit sie ihrem Besitzer nicht ausgleiten konnte. Der Schild als Schutzwaffe war ein Rundschild mit einem Schildbuckel in der Mitte. Außerdem gab es Wurfspeere, mit denen man auf den gegnerischen Schild zielte; dieser wurde dann durch die in ihm steckenden Speere immer schwerer und war damit schlechter als Schutz zu handhaben. Neben der großen Spatha gab es ferner ein einschneidiges Kurzschwert, das als Sax bezeichnet wird, und eine Axt, die den Namen Franziska trug. Helme zum Schutz des Kopfes wurden nur in Fürstengräbern gefunden und sind teilweise aufwendig gearbeitet und mit Ketten als Nackenschutz und Wangenklappen versehen. Insgesamt 30 solcher sogenannter Spangenhelme wurden im Laufe der Zeit ausgegraben.

Verletzungen, Krankheiten, Medizin und Lebenserwartung Dass die in den Gräbern gefundenen Waffen auch zum Einsatz kamen, beweist die beklemmend große Zahl von männlichen Skeletten, die teilweise tiefe Kopfwunden aufweisen. Solche Verletzungen lassen auf den Tod der Bestatteten im Kampf schließen. Es gab aber auch Krieger, deren Skelette mit verheilten Schädelwunden gefunden wurden, woraus zu folgern ist, dass sie aufgrund medizinischer Versorgung trotz ihrer Verletzungen den Kampf überlebt haben. Nach vorsichtigen Schätzungen war dies etwa die Hälfte der Männer. Erschreckend ist in diesem Zusammenhang die Vorstellung, welche grauenvollen Schmerzen Verwundete und Kranke seinerzeit ertragen mussten, denn es gab den erzählenden Quellen zufolge nur Kräutersalben zur Linderung, zu deren Herstellung man Pflanzen bevorzugte, die in der Nähe von Heiligengräbern wuchsen, und Öl von Lampen an diesen Grabstätten. Leider besitzen wir aus der Merowingerzeit keine medizinischen Traktate oder andere Quellen, die uns über die Qualität der medizinischen Versorgung Aufschluss geben könnten. Der Aufsehen erregende Fund einer Beinprothese aus Bronze und eines eisernen Bruchbandes zur Linderung eines Leistenbruches legt aber den Schluss nahe, dass die Medizin der Zeit punktuell vielleicht weiter war, als man bisweilen vermutet hat. In einem Grab fand man das Skelett eines Mannes von ca.

35 bis 40 Jahren, dem so sachkundig ein Bein oberhalb des Kniegelenks amputiert worden war, dass der Stumpf belastbar gewesen sein muss – eine erstaunliche medizinische Leistung für die damaligen Verhältnisse.

Die archäologischen Funde und ihre Auswertung sind gerade für dieses Thema von großer Bedeutung, ließe sich doch beispielsweise die Frage nach der Lebenserwartung in der Merowingerzeit allein aus den erzählenden Quellen schwerlich beantworten. Gregor von Tours erwähnt, dass 70 Jahre als ein besonders hohes Alter galten, und wir können darüber hinaus höchstens das Alter von Königen und Königinnen rekonstruieren. Die Auswertung von mehr als 40 fränkischen Grabfeldern mit mehr als jeweils zehn Bestattungen hat indes nach Untersuchung der insgesamt ausgegrabenen 4500 Skelette ergeben, dass die durchschnittliche Lebenserwartung in der Merowingerzeit nur bei 30 bis 40 Jahren lag. Frauen starben häufig nach dem 25. Lebensjahr, was nicht zuletzt mit Komplikationen bei Schwangerschaft und Geburt zusammenhängen dürfte. Der Befund der Frauenskelette deckt sich mit den Angaben der erzählenden Quellen zum Sterbealter merowingischer Königinnen – Chrodechilde, die mit 70 Jahren starb, sowie Arnegunde und Radegunde mit 60 Jahren bilden in diesem Kontext die Ausnahmen.

Interessanterweise ergaben die Untersuchungen weiblicher Skelette auch, dass die durch Östrogenmangel in den Wechseljahren verursachte Osteoporose bereits in der Merowingerzeit vorkam. Die Menopause setzte schon früher ein als heute, nämlich zwischen dem 30. und 40. Lebensjahr, was der im Ganzen geringeren Lebenserwartung entspricht.

Die Körpergröße lag bei Frauen im Durchschnitt bei 1,62 m und bei Männern bei 1,72 m.

Während Medizinhistoriker Krankheiten nachweisen konnten, die Spuren an den Knochen hinterlassen wie Tuberkulose, Hirnhautentzündungen oder Kinderlähmung – man denke an Königin Arnegunde und ihren durch Kinderlähmung verkrüppelten Fuß –, berichtet vor allem Gregor von Tours über Krankheiten, die durch Skelettuntersuchung nicht festzustellen sind,

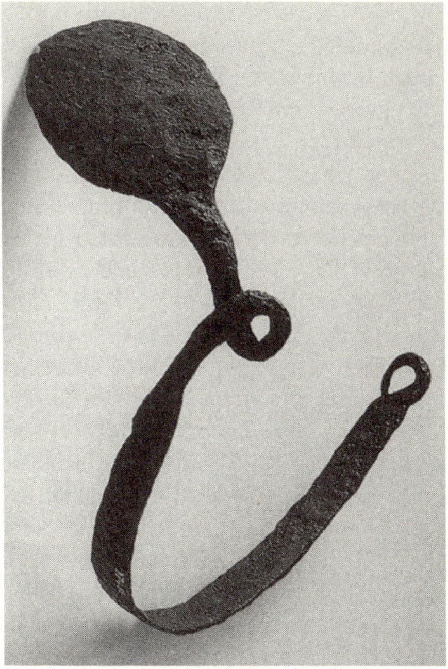

Eisernes Bruchband aus Bülach (Schweiz); das aus einem Stück geschmiedete Bruchband wurde auf der linken Seite getragen und mit Gurten und Bändern im Hüftbereich fixiert.

wie Ruhr, Lepra oder Pest. Da der Bischof sich sehr für Krankheiten, ihren Verlauf und mögliche Heilmittel interessierte, hat er diese auch in seinem Werk ausführlich geschildert.

Für Leprakranke gab es eigene Hospitäler, die so abgelegen waren, dass die Infizierten nicht mit den Gesunden in Berührung kamen. Gregor berichtet aber mehrfach von frommen Männern, die sich um diese Kranken kümmerten.

Die größte Angst hatten die Menschen in der Merowingerzeit vor der Pest, die vor allem im 6. Jahrhundert wiederholt durch Schiffsbesatzungen in Hafenstädte wie Marseille eingeschleppt wurde. Gregor hat das Auftreten und Verschwinden der Pest eindrucksvoll beschrieben.

Ansonsten finden wir in seinem Werk ein breites Spektrum von Krankheiten, deren Symptome er so detailliert beschrieben hat, dass sie identifiziert werden können: Dazu gehören grauer Star und Gicht genauso wie Rheuma, Epilepsie, Steinleiden und Gelbsucht, um nur einige zu nennen.

Die Romanen unter den Ärzten waren meist Freie, während dies bei den Ärzten germanischer Herkunft nicht immer der Fall war. Man konnte es in diesem Beruf zwar zu einigem Vermögen bringen, lebte unter Umständen aber auch gefährlich, wie der Fall der beiden Ärzte der Königin Austrechilde († 580) zeigt: Bevor die Gemahlin König Gunthrams (561–592) mit nur 32 Jahren an der oft tödlich verlaufenden Ruhr starb, verpflichtete sie ihren Mann durch Eid, ihre Ärzte hinrichten zu lassen, falls sie nicht in der Lage sein sollten, sie zu retten. Da er sich durch den Eid gebunden fühlte, kam König Gunthram nach Austrechildes Tod diesem Gelübde nach, wie nicht nur Gregor, sondern auch der Geschichtsschreiber Marius von Avenches überliefert hat.

Alles in allem ist es kein umfassendes Bild, das die archäologischen Funde und die Angaben in den schriftlichen Quellen bieten, aber sowohl die vorherrschenden Krankheiten wie auch die Todesursachen sowie die Möglichkeiten ärztlicher Hilfe und Medizin werden in Umrissen erkennbar.

Ausblick: Von den Merowingern zu den Karolingern

Für die Welt des frühen Mittelalters wurde die Verbindung von Germanentum, Christentum und der Antike entscheidend. Das Römische Reich hatte mit seiner Stadtkultur, seiner guten Infrastruktur, seiner großen kulturellen Blüte und der Etablierung des Christentums als Staatsreligion die Voraussetzungen geschaffen, auf denen das germanische Frankenreich der Merowinger aufbauen konnte. Aus römischen Diensten aufgestiegen, errichteten Childerich I., Chlodwig I. und die nachfolgenden Generationen das langlebigste Reich der Völkerwanderungszeit, das die weitere Entwicklung Europas im Mittelalter nachhaltig prägen sollte.

Die Transformation der spätantik-römischen Welt führte zu Veränderungen in allen Bereichen: Eine neue Zentralgewalt in Gestalt des merowingischen Königs musste an Stelle der machtlos gewordenen römischen Kaiser etabliert werden; die regionale Verwaltung wurde neu geschaffen in Gestalt der Bischöfe als Herren der *civitates* sowie der *comites* und *duces*; das marode gewordene Straßensystem musste durch diese neuen Regionalgewalten instand gesetzt werden, um überregionalen Handel möglich zu machen und die Wirtschaft zu stärken. Dazu gehörten auch eine Reform der Währung und die Anwendung und Revision der antiken Steuerlisten. Die von den Römern übernommene Schriftlichkeit in der Verwaltung war in diesem Zusammenhang hilfreich. Auch das Recht und das Rechtsleben verlangten nach einer Neuordnung. An die Stelle des römischen Rechts traten zunächst die einzelnen Stammesrechte der germanischen Völker wie die berühmte *Lex Salica* für die Franken und die für die unterschiedlichen Gesellschaftsschichten zuständigen Gerichte, das Königsgericht, das Comitatsgericht und die regionalen Gerichte.

In diesem ganzen Umwandlungsprozess kam es aber unweigerlich auch zu Rückschritten: Handwerkliche Fähigkeiten, die die Antike hervorgebracht hatte wie beispielsweise die Glasherstellung oder der Bau und die Pflege von Aquaedukten, gingen zurück; auch der Verlust der Bildung in breiteren Schichten der Bevölkerung ist unübersehbar wie auch teilweise die Abkehr der Gebildeten von der klassischen Literatur, keinesfalls aber waren die Merowingerkönige die tumben und ungebildeten Figuren, als die die karolingerzeitlichen Quellen sie erscheinen lassen, worin ihnen die Forschung des 19. und beginnenden 20. Jahrhunderts gerne gefolgt ist.

Es stellt sich darüber hinaus die Frage, warum das merowingische Frankenreich im Unterschied zu allen anderen Germanenreichen der Völkerwanderungszeit so erfolgreich war. Ein Vergleich mit dem zeitgleich sich etablierenden Ostgotenreich der Amaler in Italien lässt die ‹Erfolgsrezepte› der merowingischen Franken deutlich werden: Ein überragender Reichsgründer in Gestalt Chlodwigs I. steht am Beginn – einen solchen haben allerdings auch die Ostgoten mit Theoderich dem Großen aufzuweisen. Ein wesentlicher Unterschied aber besteht darin, dass die Franken ihr Reich durch Expansion von einem angestammten Kernland aus erweiterten und nicht als Eroberer in ein fremdes Gebiet einfielen und sich dort festsetzten wie die Ostgoten in Italien. Diese blieben ohne römisches Bürgerrecht, und das *conubium*, also die Möglichkeit einer Heiratsverbindung mit den Römern, blieb ihnen verwehrt. Trennend wirkte zudem die Religion, nämlich das arianische Christentum der Ostgoten, wohingegen Chlodwig I. sich katholisch hatte taufen lassen, was ihn auch für die Romanen akzeptabel machte. Im Frankenreich war das Verhältnis zwischen Eroberern und Eroberten insofern ein anderes, als eine Heirat zwischen Franken und Romanen nicht verboten war und die gallorömischen Senatorenfamilien sich mit dem fränkischen Adel die Verwaltung des Reiches und die begehrten Ämter teilten. Das religiöse Bekenntnis trennte sie jedenfalls schon einmal nicht.

Für Kontinuität in der Regierung sorgte der Grundsatz, dass alle vom königlichen Vater anerkannten Söhne Anspruch auf

Die merowingischen und die karolingischen Könige bis zu Karl dem Großen in einer Zeichnung von Jean-Jacques Chifflet von 1655.

seine Nachfolge im Merowingerreich hatten, während das Ostgotenreich bereits mit dem Tod Theoderichs des Großen (526) und seinem bald verstorbenen minderjährigen Enkel in die Krise geriet.

Die Merowinger etablierten ein Reich, dessen Struktur nicht nur für die nach knapp 300 Jahren folgenden Karolinger prägend war, sondern weit darüber hinaus. Neben dem Königtum spielte der Adel eine entscheidende Rolle; er gewann im Laufe der Merowingerzeit zunehmend an Bedeutung und Unabhängigkeit, was schließlich zur Verdrängung der alten Königsdynastie durch die ‹erste› Familie des Adels, die Arnulfinger-Pippiniden, führte. Gegen Ende ihrer Herrschaft ereilte sie die Nemesis ihrer Geschichte: Die letzten Karolinger waren so eingeschränkt in ihrer Macht wie die späten Merowinger und mussten den Weg freimachen für den Aufstieg neuer Adelsfamilien. Dass es keine Hauptstadt des Reiches gab, sondern sich in der Merowingerzeit verschiedene Residenzen entwickelten, förderte einen spezifischen Regierungsstil, und zwar das sogenannte Reisekönigtum, das Regieren eines Königs, während er beständig durch sein Reich zieht. Auch das Reichsteilungsprinzip, das bis zum Ende der Karolingerzeit galt, gehörte von Anbeginn an zu den wichtigen staatsrechtlichen Prinzipien der Merowingerzeit. Zukunftweisend waren ferner die Beziehungen, die in diesen Jahrhunderten zum Papst in Rom geknüpft wurden. Sie prägten das Frankenreich nicht nur im Hinblick auf Lehre und Kultus, sondern schufen die Voraussetzung für die Legitimierung der neuen Dynastie der Karolinger und letztlich auch für das Kaisertum Karls des Großen.

Wenn man also die Zeit der Merowinger aus dem Blickwinkel der Umwandlung der antiken Welt betrachtet und sie nicht vorrangig als Epoche des Niedergangs und Verfalls oder bloß als unrühmliche Vorgeschichte der glanzvollen Karolinger wertet, so weitet sich der Horizont beträchtlich und ermöglicht eine neue Sicht auf diese ferne und faszinierende Vergangenheit.

Literatur

Überblicksdarstellungen

Matthias BECHER, Merowinger und Karolinger (Geschichte kompakt 2009)

Eugen EWIG, Die Merowinger und das Frankenreich (1988; 5. Aufl. ergänzt von Ulrich Nonn 2006)

Martina HARTMANN, Aufbruch ins Mittelalter. Die Zeit der Merowinger (2003; 2. Aufl. 2011)

Reinhold KAISER, Das Römische Erbe und das Merowingerreich (1993; 3. Aufl. 2004)

Hans K. SCHULZE, Vom Reich der Franken zum Land der Deutschen. Merowinger und Karolinger (1987)

Ian WOOD, The Merovingian kingdoms 470–571 (1994)

Quellenauswahl

Gregor von Tours, Decem Libri Historiarum, hg. von Bruno KRUSCH und Wilhelm LEVISON, Monumenta Germaniae Historica Scriptores rerum Merovingicarum 1 (^{2}1951); übersetzt von Rudolf BUCHNER in der Freiherr vom Stein-Gedächtnisausgabe 2 und 3 (1974 und 1977)

Chronicarum qui dicuntur Fredegarii scholastici, hg. von Bruno KRUSCH, Monumenta Germaniae Historica Scriptores rerum Merovingicarum 2 (1888) S. 1–193; übersetzt von Andreas KUSTERNIG in der Freiherr vom Stein-Gedächtnisausgabe 4a (1982) S. 45–271

Liber historiae Francorum, hg. von Bruno KRUSCH, ebda. S. 238–328; übersetzt von Herbert HAUPT in der Freiherr vom Stein-Gedächtnisausgabe 4a (1982) S. 329–379

Venantius Fortunatus, Vita sanctae Radegundis. Lateinisch/Deutsch, hg. von Gerlinde HUBER-REBENICH (Reclam 2008)

Venantius Fortunatus, Gelegentlich Gedichte. Das lyrische Werk und Die Vita des hl. Martin, hg. von Wolfgang FELS (2006)

Die meisten Viten sind ediert in der Reihe Monumenta Germaniae Historica Scriptores rerum Merovingicarum 2 bis 7 (1888 bis 1920)

Die Briefe der Merowingerzeit sind ediert in dem Band Monumenta Germaniae Historica Epistolae 3: Merowingici et Karolini aevi (1892)

Die Urkunden der Merowinger nach Vorarbeiten von Carlrichard BRÜHL (†) hg. von Theo KÖLZER unter Mitarbeit von Martina HARTMANN und Andrea STIELDORF (Monumenta Germaniae Historica Diplomata regum Francorum e stirpe Merovingica 2001)

Sekundärliteratur

Matthias BECHER, Chlodwig I. Der Aufstieg der Merowinger und das Ende der antiken Welt (2011)

Dietrich CLAUDE, Aspekte des Binnenhandels im Merowingerreich auf Grund der Schriftquellen, in: Klaus DÜWEL/Herbert JANKUHN/Harald SIEMS/Detlev TIMPE, Untersuchungen zu Handel und Verkehr der vor- und frühgeschichtlichen Zeit (Abhandlungen der Akademie Göttingen. Phil.-hist. Klasse 3 N. F. 150, 1985) S. 9–99

Roger COLLINS, Die Fredegar-Chroniken (Monumenta Germaniae Historica Studien und Texte 44, 2007)

Eugen EWIG, Die fränkischen Königskataloge und der Aufstieg der Karolinger, in: Deutsches Archiv für Erforschung des Mittelalters 51 (1995) S. 1–28 (wiederabgedruckt in: DERS., Spätantikes und Fränkisches Gallien 3 [2007])

Eugen EWIG, Die Namengebung bei den ältesten Frankenkönigen und im merowingischen Königshaus, in: Francia 18, 1 (1991) S. 21–69 (wiederabgedruckt in: DERS., Spätantikes und Fränkisches Gallien 3 [2007])

Eugen EWIG, Spätantikes und Fränkisches Gallien: Gesammelte Schriften 1952–2007 (3 Bde. 1976, 1979 u. 2007)

Paul FOURACRE, The Age of Charles Martel (2000)

DERS./Richard A. GERBERDING, Late Merovingian France. History and Hagiography 640–720 (1996)

Die Franken – Wegbereiter Europas. Vor 1500 Jahren: König Chlodwig und seine Erben. Katalog-Handbuch zur Ausstellung in Mannheim, Paris und Berlin, 2 Bde. (1996)

Kathrin GOETSCH, Der Nonnenaufstand von Poitiers: Flächenbrand oder apokalyptisches Zeichen? Zu den merowingischen Klosterfrauen in Gregors Zehn Büchern Geschichte, in: Concilium medii aevi 13 (2010) S. 1–18

Stefanie HAMANN, Zur Chronologie des Staatsstreichs Grimoalds, in: Deutsches Archiv für Erforschung des Mittelalters 59 (2003) S. 49–96

Matthias HARDT, Gold und Herrschaft. Die Schätze europäischer Könige und Fürsten im ersten Jahrtausend (2004)

Martina HARTMANN, Die Darstellung der Frauen im Liber Historiae Francorum und die Verfasserfrage, in: Concilium Medii Aevi 7 (2004) S. 209–237

DIES., Die Königin im frühen Mittelalter (2009)

DIES., Pater incertus? Zu den Vätern des Gegenkönigs Chlothars IV. (717–718) und des letzten Merowingerkönigs Childerichs III. (743–751), in: Deutsches Archiv für Erforschung des Mittelalters 58 (2002) S. 1–15

Martin HEINZELMANN, Gregor von Tours (538–594). «Zehn Bücher Geschichte». Historiographie und Gesellschaftskonzept im 6. Jahrhundert (1994)

DERS., Zum Stand der Genovefa-Forschung, in: Deutsches Archiv für Erforschung des Mittelalters 41 (1985) S. 532–548

Peter JOHANEK, Der «Außenhandel» des Frankenreiches der Merowingerzeit nach Norden und Osten, in: Klaus DÜWEL/Herbert JANKUHN/Harald SIEMS/Detlev TIMPE, Untersuchungen zu Handel und Verkehr der vor- und frühgeschichtlichen Zeit (Abhandlungen der Akademie Göttingen. Phil.-hist. Klasse 3 N. F. 150, 1985) S. 214–254

Reinhold KAISER, Die Franken: Roms Erben und Wegbereiter Europas? (1997)

Theo KÖLZER, Die letzten Merowingerkönige: rois fainéants?, in: Der Dynastiewechsel von 751, hg. von Matthias BECHER (2004) S. 33–60

Karl Heinrich KRÜGER, Königsgrabkirchen der Franken, Angelsachsen und Langobarden bis zum Mitte des 8. Jahrhunderts. Ein historischer Katalog (1971)

Ulrich NONN, Die Franken (2010)

Helmut ROTH, Kunst und Handwerk im frühen Mittelalter. Archäologische Zeugnisse von Childerich I. bis zu Karl dem Großen (1986)

Axel G. WEBER, Der Childebert-Ring und andere frühmittelalterliche Siegelringe (2007)

Margarete WEIDEMANN, Kulturgeschichte der Merowingerzeit nach den Werken Gregors von Tours 2 Bde. (1982)

Herwig WOLFRAM, Die Germanen (Beck Wissen 2002, 9. Aufl. 2009)

DERS. Das Reich und die Germanen. Zwischen Antike und Mittelalter (1990)

Ian WOOD, Fredegar's Fables, in: Anton SCHARER/Georg SCHEIBELREITER, Historiographie im frühen Mittelalter (1994) S. 359–366

Zeittafel

ab ca. 250	Einfälle der Franken in das Gebiet des Römischen Reiches
481/82	Tod Childerichs I., Bestattung in Tournai
482–511	Chlodwig I.
511	Aufteilung des Reiches unter seine vier Söhne: Theuderich I., Chlodomer, Childebert I. und Chlothar I.
529–34	Eroberung des Thüringerreiches
532	Eroberung des Burgunderreiches
537	Besetzung der Provence
561	Tod Chlothars I. und Aufteilung des Reiches unter seine vier Söhne Charibert I., Gunthram, Sigebert I. und Chilperich I.
567	Tod Chariberts I.
575	Ermordung Sigeberts I.
584	Ermordung Chilperichs I.
587	Vertrag von Andelot
592	Tod Gunthrams
613	Untergang der austrischen Merowinger; Hinrichtung Brunichilds Chlothar II. wird Gesamtherrscher
614	Edictum Chlothari
629/30–639	Dagobert I.
639	Teilung des Reiches unter Sigebert III. und Chlodwig II.
656/57	sog. Staatsstreich Grimoalds
662–675	Childerich II.
679	Ermordung Dagoberts II.
687	Sieg Pippins des Mittleren bei Tertry
714	Tod Pippins, Auseinandersetzungen zwischen Plectrud und Karl Martell
732	Sieg Karl Martells bei Poitiers gegen die Araber
737	Tod Theuderichs IV., der keinen Nachfolger erhält
741	Tod Karl Martells und Bestattung in Saint-Denis
743	Einsetzung Childerichs III.
747	Resignation Karlmanns als Hausmeier
751	Einweisung Childerichs III. und seines Sohnes Theuderich in Klöster Erhebung Pippins des Jüngeren zum Frankenkönig

Glossar

Almandine: siehe Cloisonné-Technik.

Aquitania: seit Iulius Caesar Bezeichnung für den Teil Galliens südlich der Garonne; später reichten die Provinzen Aquitania I und II im Norden bis an die Loire und im Süden bis zu den Pyrenäen.

Arianisches Christentum: die Lehre des Priesters Arius († 336), der die Wesensgleichheit von Christus mit Gott leugnete; auf dem Konzil von Nicaea 325 als Ketzerei (Irrlehre) verurteilt, aber in den Germanenreichen verbreitet bis zum Ende des 6. Jahrhunderts. Gegensatz: katholisches Christentum, zu dem die Merowinger sich bekannten.

Austrasien/Austrien: Bezeichnung für den östlichen Teil des Frankenreiches; dazu gehörte das Rhein-Maas-Mosel-Gebiet mit der Champagne, später dann Metz sowie Teile von Aquitanien und der Provence.

Austroburgund: Bezeichnung für den Teil des Frankenreiches, der Austrien und Burgund umfasste.

Belgica secunda: das durch die Verwaltungsreform Kaiser Diokletians (284–305) in zwei Provinzen aufgeteilte Gallien umfasste die *Belgica prima* rund um die Mosel und die *Belgica secunda* von Reims bis zum Ärmelkanal.

cappa: Obergewand mit Kapuze; berühmt ist die *cappa* des heiligen Martin von Tours, weil sie zur höchsten Reliquie des Merowingerreiches wurde, die am Königshof verwahrt wurde von den dort tätigen Geistlichen, die daher die Beziehung Kapelläne erhielten. Auch der Begriff Hofkapelle leitet sich davon ab.

Cloisonné-Technik: Einlegetechnik, bei der Metallstege auf kleine Metallplatten aufgelötet wurden und in die so entstandenen Waben Glas oder Edelsteine, bevorzugt die roten Almandine (Granat), eingesetzt wurden; damit diese nicht herausfallen konnten, wurden die Stege nach dem Einsetzen flach geklopft.

dux: hoher Verwaltungsbeamter im fränkischen Reich, aus dessen Amt sich in der Karolingerzeit das des Grafen entwickelte.

Eigengut (= Allod): im fränkischen Recht das Erbgut im Unterschied zum Lehen, das vom Herrn nur zur Nutznießung auf Zeit übertragen wurde.

Fibel (von latein. *fibula* = Verschluss, Spange): Gewandbefestigung in Spangen- oder Bügelform, oft paarweise; nach Übernahme der Tunika durch die Franken eher ein Schmuckelement oder Statussymbol.

foederiert (von latein. *foedus* = Bündnis): die zur Heeresfolge mit den Römern verbündeten Germanen.

Francia: Bezeichnung für das Siedlungs- und Herrschaftsgebiet der Franken;

seit dem 6. Jahrhundert dann das Land rechts und links des Rheins bis zum Grenzfluss zu Aquitanien, der Loire.

Franziska: eine fränkische Waffe, und zwar eine Art Axt oder Beil.

Frankoburgund: Bezeichnung für das nach der fränkischen Eroberung des Burgunderreiches 534 dem merowingischen Frankenreich einverleibte Burgund.

Gallien: Bezeichnung für das von Iulius Caesar zwischen 58 und 51 v. Chr. eroberte Gebiet, das im Wesentlichen das heutige Frankreich, Belgien, Luxemburg und die linksrheinischen deutschen Gebiete sowie Teile der Niederlande umfasste.

Gallo-Römer, gallorömisch: Bewohner Galliens, die zum Römerreich gehört hatten, bevor die fränkische Eroberung begann.

Haeresie, haeretisch: Irrlehre, nicht rechtgläubig.

Hausmeier (von latein. *maior domus* = Vorsteher des Hauses): an den Höfen der Germanenkönige der Vorsteher des Hofes; im Frankenreich trat der H. an die Spitze des Adels und das Amt löste sich allmählich aus der unmittelbaren Bindung an den König.

Heermeister: Bezeichnung für die sieben militärischen Befehlshaber des Römischen Reiches seit der Spätantike.

Immunität (von latein. *immunis* = frei von Leistungen): die Befreiung von Abgaben an den König oder den Bischof und vom Eingriff des für das Gebiet zuständigen Beamten.

Klerus: Bezeichnung für die Gesamtheit der Geweihten, der Kleriker; der Begriff umfasste alle Weihestufen der kirchlichen Hierarchie vom Subdiakon bis zum Bischof.

Konkubine: eine nicht durch Ehe, sondern durch ein Liebesverhältnis (Konkubinat) dem Mann, meist einem Adeligen oder dem König, verbundene Frau.

Konzil: siehe Synode.

memoria (von latein. *memoria* = Erinnerung): Pflege des Totengedächtnisses.

Neustrien: Bezeichnung für das Gebiet vom Kohlenwald im Pariser Becken bis zur Seine und Loire, im 7. Jahrhundert nach Osten begrenzt durch das Herzogtum Champagne mit Reims.

Neustroburgund: Bezeichnung für die zeitweise von einem einzigen merowingischen König regierten Reichsteile Neustrien und Burgund.

Oratorium: kleine Kirche oder Kapelle auf dem Lande.

Palimpsest: Pergament, dessen erster Text abgeschabt und durch einen neuen, darübergeschriebenen Text ersetzt wurde; im Frühmittelalter oft bei heidnischen Texten gehandhabt, die mit christlichen Texten überschrieben wurden, weil Pergament teuer war.

Papyrus: Beschreibstoff der Antike, der aus den Rohren der Papyrusstaude in Ägypten gefertigt wurde; nicht sehr haltbar bei Feuchtigkeit.

Patrozinium (von latein. *patronus* = Beschützer): Schutzherrschaft eines Heiligen über die Kirche, die ihm geweiht war.

Pergament: sehr haltbarer Beschreibstoff des Mittelalters, der aus Tierhäuten gefertigt wurde; zuerst in Pergamon als Papyrusersatz benutzt.
Polygamie: Ehe mit mehreren Frauen gleichzeitig. Gegensatz: Monogamie = Ehe mit einer einzigen Frau.
Referendarius: oberster Kanzleibeamter am merowingischen Königshof.
Reinigungseid: Eid, der dem Beklagten vom Richter auferlegt wurde und seine Unschuld beweisen sollte; damit reinigte der Beschuldigte sich von den gegen ihn erhobenen Vorwürfen.
Rex (= latein.): König.
Sax: fränkische Waffe, nämlich ein einschneidiges Kurzschwert.
Schilderhebung: Brauch germanischer Stämme im Rahmen der Erhebung eines Herrschers.
Septimanien: Bezeichnung für den Küstenstreifen mit den Städten Narbonne, Toulouse und Agde; anfänglich im Besitz der Westgoten, später fränkisch.
Spatha: fränkische Waffe in Gestalt eines großen zweischneidigen Langschwerts.
Synode: Versammlung der Bischöfe, auch Konzil genannt.
Tunika: ein ärmelloses oder kurzärmeliges Kleidungsstück, das aus zwei Teilen zusammengenäht wurde, für Männer und Frauen; ursprünglich römische Bekleidung, die von den Franken übernommen wurde.
Visitation (von latein. *visitare* = besuchen): Reise eines Bischofs durch sein Bistum, um den ordnungsgemäßen Zustand der Kirchen und die rechte Amtsführung der Priester zu überprüfen.
Vita (von latein. *vita* = Leben): Lebensbeschreibung eines Heiligen oder einer Heiligen.
Volksrechte: auch als Stammesrechte oder Leges bezeichnete Quellengattung des 5. bis 9. Jahrhunderts, in der die einzelnen germanischen Stämme nach römischem Vorbild ihre Gesetze schriftlich festhielten.

Personenregister

Abkürzungen
Bf. = Bischof; Hl. = Heilige/Heiliger; Hzg. = Herzog; Kg./Kg.in = König/Königin; Ks. = Kaiser; merow. = merowingisch

Aega, Hausmeier 47 f.
Aethelbert, Kg. v. Kent 79
Agilulf, langobardischer Kg. 36
Alarich II., westgotischer Kg. 21
Amalarich, westgotischer Kg. 79
Amalaswintha, Tochter Theoderichs d. Gr. 26
Arnegunde, Gemahlin Chlothars I. 27, 108, 110
Arnulf v. Metz, Bf. 40, 43 f., 47 f., 93
Athanagild, westgotischer Kg. 32
Audofleda, Gemahlin Theoderichs d. Gr. 21 f., 74, 79
Audovera, Gemahlin Chilperichs I. 33, 76
Aunemund v. Lyon, Bf. 49
Austrechilde, Gemahlin Gunthrams 112
Authari, langobardischer Kg. 36

Balthild, Gemahlin Chlodwigs II. 48–52, 72 f., 76 f., 97, 99, 108
Basina, Gemahlin Childerichs I. 14
Basina, Tochter Chilperichs I. 78 f.
Benedikt v. Nursia, Hl. 92
Berchar, Hausmeier 53
Berchildis, Gemahlin Dagoberts I. 46
Berta, Tochter Chariberts I. 79
Bertetrud, Gemahlin Chlothars II. 42–44
Berthefled, Tochter Chariberts I. 78
Bilichild d. Ä., Gemahlin Theudeberts II. 39, 76
Bilichild d. J., Gemahlin Childerichs II. 47, 49, 51, 56, 76
Bisin, thüringischer Kg. 14
Bobolenus, *referendarius* 75
Boulainvilliers, Henri de 10
Brodulf, Adeliger 44 f.
Brunichild, Gemahlin Sigeberts I. 32–41, 43, 51, 70, 72, 74–77, 79, 87, 91, 94

Caesarius v. Arles, Bf. 91
Chararich, fränkischer Teilkg. 60 f.
Charibert I., merow. Kg. 27, 30–33, 78 f.
Charibert II., merow. Kg. 43–45
Chifflet, Jean-Jacques 16, 58, 115
Childebert I., merow. Kg. 23, 25 f.
Childebert II., merow. Kg. 33–35, 37, 47, 76, 78, 91
Childebert III., merow. Kg. 54, 56
Childebertus adoptivus 47 f.
Childebert, Sohn Theuderichs II. 40
Childerich I., merow. Kg. 7, 8, 10, 12–19, 22, 57, 60, 73, 79, 98, 108, 113
Childerich II., merow. Kg. 48, 51 f., 56, 62, 76

Childerich III., merow. Kg. 9, 54, 56–59, 65, 67
Chilperich I., merow. Kg. 27, 30–35, 44, 62 f., 73, 78, 82, 87. 89
Chilperich II. (Daniel), merow. Kg. 51, 54, 56 f., 101
Chilperich, Sohn Chariberts II. 45
Chimnechilde, Gemahlin Sigeberts III. 47, 49, 52, 72
Chlodio, merow. Kg. 7, 13
Chlodomer, merow. Kg. 23, 25, 27, 32, 40
Chlodechilde, Tochter Chlodwigs I. 79
Chlodulf v. Metz, Bf. 48, 93
Chlodwig I., Kg. 9, 13 f., 16–23, 26, 42, 60–62, 64, 72 f., 74, 77, 79, 91, 94, 96–98, 113 f.
Chlodwig II., merow. Kg. 45–48, 52, 75
Chlodwig III., merow. Kg. 54
Chlodwig (III.), merow. Gegenkg. 52
Chlothar I., merow. Kg. 9, 23 f., 27–30, 35, 73, 78, 108
Chlothar II., merow. Kg. 9, 35–45, 76, 90 f.
Chlothar III., merow. Kg. 48 f., 51 f.
Chlothar IV., merow. Kg. 54, 56
Chrodechilde, Gemahlin Chlodwigs I. 18–20, 22 f., 25 f., 72, 76 f.
Chrodechilde, Gemahlin Theuderichs III. 55, 73
Chrodechilde, Tochter Chariberts I. 78 f.
Chunsina, Gemahlin Chlothars I. 29
Chram, Sohn Chlothars I. 29
Cicero, heidnischer Autor 88
Claude, Dietrich 100
Columban, Hl. 92
Corbus, Sohn Theuderichs II. 40 f.
Dagobert I., merow. Kg. 8, 42–48, 74 f., 90
Dagobert II., merow. Kg. 47 f., 51–53, 56
Dagobert III., merow. Kg. 54 f., 57
Dagobert, Sohn Childerichs II. 51, 76
Dahn, Felix 8
Doderer, Heimito v. 7
Drogo, *dux* 55

Eberulf, *thesaurarius* 75
Ebroin, Hausmeier 49, 51–53
Einhard, Biograph Karls d. Gr. 9, 54, 63, 67
Eligius v. Noyon, Hl. 9, 72
Erchinoald, Hausmeier 48
Ermenberta, westgotische Prinzessin 39
Eudo, Hzg. v. Aquitanien 56
Eufronius v. Tours, Bf. 17
Ewig, Eugen 11, 30 f.

Faileuba, Gemahlin Childeberts II. 37, 76
Florentianus, Hausmeier 75
Fredegar, Geschichtsschreiber 7, 13 f., 18, 39, 43–46, 89
Fredegunde, Gemahlin Chilperichs I. 32–36, 38, 41, 44, 72, 74–76, 94

Galswinth, Gemahlin Chilperichs I. 32 f., 36, 41, 70 f., 73, 76, 87
Genovefa, Hl. 9, 10, 14, 19, 22
Germanus v. Paris, Bf. 27
Godinus, Hausmeier 43
Godomar, burgundischer Kg. 25
Gomatrud, Gemahlin Dagoberts I. 44, 46
Gregor I., d. Gr., Papst 94–96
Gregor v. Tours, Bf. u. Geschichtsschreiber 7, 13 f., 17–23, 25, 28, 31–34, 36 f., 60–64, 67–69, 71 f.,

74 f., 79, 83–85, 88 f., 94, 96, 101, 110–112
Grifo, Sohn Karl Martells 58
Grillparzer, Franz 7
Grimoald d. Ä., Hausmeier 47–49
Grimoald d. J., Hausmeier 54 f.
Gundowald, merow. Hzg. 33
Guntheuca, Gemahlin Chlodomers 27
Gunthram, merow. Kg. 27, 30, 32–36, 47, 69, 75 f., 78, 91, 112

Haldetrud, Gemahlin Chlothars II. 42–44
Hermenegild, westgotischer Königssohn 79
Herder, Johann Gottfried 8
Herodes 34
Hieronymus, Kirchenvater 88
Horaz, heidnischer Autor 88

Ingobert, Adeliger 52
Ingunde, Gemahlin Chlothars I. 27, 30
Ingunde, Tochter Sigeberts I. 79

Justinian, Ks. 24, 26

Karl d. Gr., Kg. und Ks. 9, 20, 63, 67, 75, 89, 101
Karl Martell, Hausmeier 56 f.
Karlmann, Hausmeier 57 f.
Konstantin d. Gr., Ks. 20
Krusch, Bruno 10
Kunibert v. Köln, Bf. 46 f.
Kurth, Godefroid 10

Leodegar v. Autun, Bf. 51, 53
Leopold I., Ks. 16
Leopold Wilhelm v. Österreich 16
Ludwig d. Hl, Kg. 8
Ludwig XIV. Kg. 16

Marius v. Avenches, Geschichtsschreiber 24, 112
Martin v. Tours, Hl. 17 f., 26, 29, 91, 96
Martin, *dux* 53
Medardus v. Noyon, Bf. 30
Merowech, merow. Stammvater 7, 13 f., 61
Merowech, Sohn Theuderichs II. 40 f.

Nanthild, Gemahlin Dagoberts I. 46–48, 75 f.
Napoleon Bonaparte 10
Nero 34
Nonn, Ulrich 13

Paulus Diaconus, Geschichtsschreiber 37
Pippin d. Ä., Hausmeier 40, 43 f., 46 f.
Pippin, d. M., Hausmeier 53–56
Pippin I., d. J., karolingischer Kg. 9, 49, 54, 57–59, 65
Plectrud, Gemahlin Pippins d. M. 55 f.
Prokop, Geschichtsschreiber 24

Radegunde, Gemahlin Chlothars I. 9, 28–30
Ragnetrud, Konkubine Dagoberts I. 46 f.
Ranke, Leopold v. 8
Remigius v. Reims, Bf. 9, 21, 98
Rigunth, Tochter Chilperichs I. 78

Schiller, Friedrich 8
Sidonius Apollinaris, Bf. 14
Sièyes, Abbé 10
Sigebert I., merow. Kg. 27, 30 f., 33, 78
Sigebert II., merow. Kg. 40 f., 51
Sigebert III., merow. Kg. 45–49, 52, 75
Sigihild, Gemahlin Chlothars II. 42–44
Sigismund, burgundischer Kg. 24 f.

Syagrius, römischer Heermeister 18

Theoderich d. Gr., ostgotischer Kg. 21, 24, 26, 74, 79, 114 f.
Theudebert I., merow. Kg. 23 f.
Theudebert II., merow. Kg. 37–40
Theudelinde, langobardische Kg.in 36
Theuderich I., merow. Kg. 23 f.
Theuderich II., merow. Kg. 37–40, 91
Theuderich III., merow. Kg. 48, 51–54, 56 f., 97
Theuderich IV., merow. Kg. 54 f.
Theuderich, Sohn Childerichs III. 58 f.
Theudoald, Sohn Grimoalds d. J. 55
Theudowald, merow. Kg. 24, 27
Thierry, Augustin 10

Venantius Fortunatus 29, 33
Vergil, heidnischer Autor 84, 88
Vulfegundis, Gemahlin Dagoberts I. 46

Wallace-Hadrill, Michael 7, 16
Waratto, Hausmeier 53
Warnachar, Hausmeier 43
Wilfried v. York, Hl. 53, 72
Witiges, ostgotischer Kg. 26
Wolfdietrich 24
Wulfoald, Hausmeier 53

Bildnachweis

S. 6:	BnF, Paris, Cabinet des Médailles
S. 12, 28, 50, 106:	Reiss-Engelhorn Museen, Mannheim
S. 21, 38:	akg-images, Berlin
S. 29:	Musées de Poitiers, Christian Vignaud
S. 58, 115:	Württembergisches Landesmuseum, Stuttgart, Inv. HBF 864
S. 72:	Wikicommons
S. 81:	Museum Burg Linn, Krefeld
S. 97:	Aus Martina HARTMANN, Aufbruch ins Mittelalter. Die Zeit der Merowinger (2. Aufl. 2011), S. 13 (Photo: Prof. Helmut Roth, Bonn)
S. 61, 101:	Stiftsbibliothek Sankt Gallen, Cod. Sang. 731, S. 234; Cod. Sang. 23, S. 12
S. 111:	Schweizerisches Nationalmuseum, Inv. Nr. A-27456 / Foto Nr. COL-7332
Karte:	Peter Palm, Berlin